康德

Kant: A Very Short Introduction

U0118378

Kant: A Very Short Introduction

康德

斯克魯頓 (Roger Scruton) 著

劉華文 譯

OXFORD
UNIVERSITY PRESS

OXFORD
UNIVERSITY PRESS

Oxford University Press is a department of the University of Oxford.
It furthers the University's objective of excellence in research, scholarship,
and education by publishing worldwide. Oxford is a registered trade mark of
Oxford University Press in the UK and in certain other countries

Published in Hong Kong by
Oxford University Press (China) Limited
39th Floor, One Kowloon, 1 Wang Yuen Street, Kowloon Bay,
Hong Kong

康德

斯克魯頓 (Roger Scruton) 著
劉華文譯

ISBN: 978-0-19-941487-1

4 6 8 10 12 13 11 9 7 5

English text originally published as *Kant: A Very Short Introduction*
by Oxford University Press © Roger Scruton 2001

目　錄

圖片鳴謝

修訂版序[*]

　　我在修訂這本簡明讀本的時候參考了近期的研究成果，對無論是第一手資料還是第二手資料都盡量提供更為可靠的指南。我還在自認為不準確或容易引起誤解的地方對文本進行了修改，並且新增一章來探討康德的政治哲學——該主題自本書問世以來引起了越來越多的關注。我對康德所作的闡釋絕不是唯一的一種。在變得愈加複雜的爭議中我只能支持其中的一方。在延伸閱讀指南中我列出了一些書目，這些書將會幫助修正這本小冊子不可避免地所帶有的片面性。

2001年1月於馬姆斯伯里

---

[*]　本修訂版中譯本，參考了本書第一版中譯的部分術語和表達方式。第一版中譯者為周文彰先生，中國社會科學出版社1989年。謹此致意。

第一版前言

我試圖用現代語言表達康德(Immanuel Kant)的思想，同時盡可能不預設閱讀對象擁有哲學知識。康德是最為晦澀難懂的現代哲學家之一，我並不指望能讓一般讀者都能讀懂他思想中的每個方面。他的思想的每個方面是不是有任何一個人甚至康德本人能夠理解，這一點尚不清楚。鑑於康德哲學如此這般的深度和複雜性，只有浸淫其中才會理解那些問題的重要性和那些答案的想象力。康德期望劃下人類知識的界限，感覺自己是被迫要超越這些界限。所以，如果為了欣賞康德的視域而不得不將這個小冊子讀上不止一遍，讀者也會感到很正常。分享他的視域就是親眼目睹一個轉化的世界；獲得這個視域不可能依靠一日之功。

這本書的初稿是在布拉格寫就的。我感謝拉吉斯拉夫·海達內克，不僅是因為他邀請我在他的討論會上講絕對律令這個問題，還因為他是服從這一律令的榜樣。讓我受益匪淺的有魯比·米格、馬克·普拉茨以及多蘿西·埃金頓，他們對後來的書稿提出了意見；還有倫敦大學我教過的學生們，他們在過去的十年裏讓我從教授康德哲學中獲益良多。另外，讓我難

以言表的是，我曾受益於熱情的倫卡・德沃夏科娃，
這本書是獻給她的。

1981年5月於倫敦

縮略語*

引用的出處大多來自於推薦書目中的英語譯本。但是譯文如果會引起誤導或不雅的話，我就用我自己的翻譯。

A. 《純粹理性批判》第1版
B. 《純粹理性批判》第2版
P. 《實踐理性批判》
J. 《審美判斷力批判》
T. 《目的論判斷力批判》
G. 《道德形而上學的基礎》
F. 《未來形而上學引論》
M. 《道德形而上學》

對上述著作的頁碼標注根據的是標準德語版。還有就是在對《純粹理性批判》的引用中，頁碼標注來自於第一版和第二版原有的頁碼。至於英語的翻譯請看推薦書目。我有時也會引用下面的著作：

I. 「就職論文」，收錄於G.B. Kerferd 和 P.G. Lucas 編的《康德：前批判著作選集》(曼徹斯特，1968)
K. 《康德–埃伯哈德爭論》，H.E. Allison 著(巴爾的摩和倫敦，1973)
L. 《倫理學講演》，L. Infield 譯(紐約，1963)

---

* 為方便閱讀，譯文中用中文書名代替原文的縮略語。——編注

C. 《康德哲學通信：1759–1799》，Arnulf Zweig 編譯（芝加哥，1967）

R. 《康德：政治學論述》，Hans Reiss 編，H.B. Nisbet 譯（劍橋，1970）。其中包括我引用的三部作品：《「甚麼是啟蒙？」問題的一個答案》（略作《甚麼是啟蒙？》）、《論慣常說法：「這在理論上為真，而在實踐中無法適用」》（略作《慣常說法》）以及《永久和平：一個哲學速寫》（略作《永久和平》）

對康德著作所作引述中出現的所有加重點號字體皆為康德本人所為。

第一章
生平、著作與性格

　　這位現代最偉大的哲學家只被義務所驅動，他的生活也因此平淡無奇。在康德看來，道德高尚的人都是情感的主人，也就鮮為情感所驅使。他們對權力和聲名非常淡泊，認為如果把它們同責任放在一起比較就顯得微不足道。康德就這樣約束着自己的生活，按照這種理想行動他就沒有了矛盾。於是，他投入到學術研究中去，完全遵循協調的固定程序。柯尼斯堡的這位小個子教授因此成為了一名現代哲學家：囚禁在果谷裏面，把自己視為統轄無限空間的國王。

　　康德1724年出生於柯尼斯堡，家裏以製作馬軛勉強維持生計，他在九個兄弟姐妹中排行第四。康德的父母是質樸虔誠的虔誠派教徒。在當時，虔誠主義作為路德教派的改革運動在德國的中下層階級中有着舉足輕重的影響。它所主張的工作、責任和禱告的神聖性緩解了生活的艱辛；它把良知視做至高無上，這一點對康德後來的道德思維將會發生持久影響。這個教派儘管在某些方面有些反智色彩，但它卻是推動17世紀晚期德國教育普及的主要力量，並且在柯尼斯堡這

個地方就建立了一所虔誠主義教派的學校。八歲的時候，由於天份受到一位智慧善良的牧師的賞識，康德被送進了這所學校。出身於康德這樣卑微家族的後人能有這樣的教育機會，這是一件幸運的事；但對於年幼的康德來說，這卻未必算得上幸運。他對導師們的感激混雜着對他們令人壓抑的狂熱宗教情緒的反感，以至於他在晚年不願意提起這段早期教育。關於他這個時期所受教育的特點，我們可以從康德關於教育的一篇短文的引述中判斷出來，這篇文章是從康德晚年的講課筆記中輯纂而來的。

> 很多人都把早年時光想像成一生中最快樂、最美好的階段。實際上並非如此。這一時期最是麻煩不斷，因為我們受到嚴格的紀律管束，基本上沒有選擇朋友的機會，並且也少有自由。

語文學家魯思肯（David Ruhnken）是康德的舊時校友，兩人成名後，魯思肯在一封寫給康德的信中說：「你我二人曾一起抱怨狂熱教徒們充滿學究氣的、令人壓抑的紀律讓人受不了，儘管這種紀律並非完全沒有價值。現在這些已經過去三十年了。」不可否認，康德在完成這一階段的教育時情緒低迷沉重，但同時也培養出了相當自律的品格。他在剛成年階段，有一部分的精力就用於用後者來克服前者。在此方面他通

圖1　柯尼斯堡城堡，康德的房子在其左下方

常非常成功。儘管家境窮困，身材瘦小得有些變形，敬愛的父親和熱愛的母親又都去世了，康德卻很快成為了柯尼斯堡最受歡迎的居民，他的儒雅、機智和滔滔不絕的口才使他無論走到哪裏都受到歡迎。

康德十六歲的時候進了他的原籍城市的那所大學，六年後畢業。他沒有能夠謀得學術教職，於是挨家挨戶做私人教師。直到三十一歲的時候他才在柯尼斯堡大學獲得一個職位，當私人講師。這個職位不發薪水，只是提供講授公開課的權利，外加提供做私人指導獲得一些微薄報酬的機會。這時，康德已經出版了動力學和數學方面的專著。他還利用做私人導師建立的關係在社會上輕鬆地獲得了「大師」(der schöne Magister)的稱號。

柯尼斯堡在當時是一座縈繞着尊貴氣質的城市，居民有五萬人，還有一座重要的軍事堡壘。普魯士東部地區的商貿活動都發生在這座海港城市。不同種族的各色人等在城裏忙碌着，其中有荷蘭人、英國人、波蘭人和俄羅斯人。建於1544年的柯尼斯堡大學當時叫阿爾伯丁學院，是一座具有相當地位的文化中心，儘管它在18世紀中期之前因偏於一隅而鮮為人知，以至於腓特烈(Friedrich)大帝在1739年以王儲身份造訪這座城市時，竟把它描寫成「更適合訓練熊而難以成為科學中心」的一個地方。第二年腓特烈就登基做了皇帝，竭力把代表其執政特徵的高等文化和知識包容理

念傳播到王國的此一角落。於是，早有決心把追求真理和擔當責任置於一切之先的康德，很幸運地發現他所在的大學並不設置障礙阻撓對這兩者的追求。或許是因為這個原因，再加上他摯愛出生地的故土情結，促使他在那麼長的時間中一直在等待第一次聘任並且此後又等了十五年獲得了他所期待的教授一職。在這段時間裏，康德好幾次回絕了德國其他大學的邀請，盡職盡責地在他居住的房子裏連續不斷地作講座，藉此樹立了聲譽。他的學術心力主要用在了數學和物理學上，三十一歲的時候發表了一篇關於宇宙起源的論文，第一次提出了星雲假說。然而，他的職責要求他的講座涉及各種學科，其中包括自然地理學；大概是因為不願旅行的緣故，他成為了這個領域公認的權威，並且在(極其崇拜這位哲學家的)帕格斯達爾伯爵(Count Purgstall)看來，跟他談話無聊沉悶。

從一定程度上講，康德是機緣巧合才成為形而上學和邏輯學教授，而沒有成為數學或自然科學教授。從他學術生涯的這個時候起，他就開始把精力全部投入到哲學研究中去，在講座中重覆教授十年的那些思想，付梓成書後為他贏得了德國偉大泰斗的稱號。按哲學家哈曼的記述：為了佔到座位，需要在教授到達前一個小時，也就是早晨六點的時候來到上課的教室。以下是康德的學生雅赫曼(R.B. Jachmann)對老師的講課風采所作的描述：

康德擁有闡明和定義形而上學概念的特別巧妙的方法，其中很顯然包括在聽眾面前完成調查，似乎他自己也是剛考慮這個問題一樣，一步步地加進有着決定意義的新鮮概念，逐漸地改進先前建立的解釋，最後就如何處理這個問題給出一個限定性的結論。這時，他已經對這個問題從各個角度進行了徹底地探究，不僅為那些全神貫注的聽者提供了關於該問題的知識，而且還就思想方法給他們上了一堂直觀課。

還是這位描述者，在一封寫給朋友的信中談及康德所作的倫理學方面的講座：

在這些講座中，他不再只是耽於冥想的哲學家，同時還成了一名情緒激昂的演說家。他既會感染聽眾和他一起激情滿懷，同時也能啟人心智。的確，他把自己創立的思想用哲學的雄辯宣講出來，能夠聆聽到那崇高的純粹倫理教義讓人有一種聆聽天籟一般的愉悅。不知有多少次他把我們感動得流淚，不知有多少次他滌蕩了我們的靈魂深處，更不知有多少次他把我們的心靈和情感從沉淪於自我的枷鎖中解脫出來，昇華到由純粹自由意志所支配的崇高自我意識的境界中去，昇華到對理性法則的絕對服從的境界中去，使我們擁有了為他人擔待責任的崇高感！

雅赫曼所言不虛，只是失之過譽。康德無論是在私下裏還是在公開場合所表現出來的口才都名聲在外，這使得他早在那些偉大作品出版之前就廣為人知了。

康德的平時生活被戲稱為像上了發條的鐘錶一樣準時準點，自律極嚴，帶着古板的學究氣，以自我為中心。據說（因為海涅這樣説過）柯尼斯堡的家庭主婦們會根據康德經過的時間來設定鐘錶；據説（因為康德自己曾經講過）他對自己的身體狀況時時刻刻都焦慮不安，表現出疑病症的病態心理；此外，據説他的房子裏空空蕩蕩，沒有甚麼家具雜物，這表明他對美並不在乎，隱藏在他按時按點的生活方式下面的是一顆冷漠甚至冰冷的心。

康德的生活即使並不機械，也至少是高度自律。他的男僕需要按他的要求每天早晨五點就把他叫醒，決不容忍裝病誤事。他一般要在書桌旁工作到七點，穿着睡帽和睡袍，上午的課上完回來後就馬上把這些行頭又穿上。他在書房一直待到下午一點，這時要用他一整天中唯一的一頓餐。接下來就雷打不動地去散步。散步總是獨自一人，之所以這樣做是因為他古怪地認為與人談話會讓人通過嘴巴呼吸，因此不應該在露天曠野進行。他討厭噪音，曾經兩次搬家躲避別人發出的聲響。甚至有一次還氣憤地給警察局長寫信，要求他禁止讓附近監獄裏的囚犯吟唱讚美詩進行自我慰藉。除了軍隊進行曲之外他討厭所有的音樂，這一

點確實眾所周知，同樣眾所周知的還有他對視覺藝術也毫不在意——他只有一幅版畫，是一位朋友送給他的盧梭（Jean-Jacques Rousseau）的肖像。

圖2　盧梭的版畫像是康德所擁有的唯一一幅畫作

康德意識到智性對自身的反詰，當他進行自我肯定時便會面向這幅版畫，聲稱如果不是盧梭讓他相信智性可以在恢復人權方面發揮作用的話，他就會認為自己比普通的勞動者更加百無一用。與把自己獻給思想生活的所有人一樣，康德也需要強加在自己身上的紀律。他的日常安排並沒有破壞他的道德本性，而是讓他處於能夠發揮天才的最佳狀態。他愛獨處，同樣也喜歡有人相伴左右，這兩者相互平衡。他無一例外會有客人共進午餐，並且當天早晨即發出邀請，以免客人要拒絕其他邀請而覺得尷尬。席間每個客人都有一品脫的乾紅葡萄酒款待，如果可能，還會吃到最喜歡的菜餚。朋友跟他談話會感到愉快，也受益良多。就這樣一直談到下午三點，最後都是努力以笑聲收場（這主要是因為他相信笑和其他任何自然機能一樣有助於消化）。康德的文章中隨時都會閃現出諷刺的話語，諷刺文章也確實是他最愛的讀物。他對音樂和繪畫不感興趣，這與他對詩歌的熱愛形成了對比；甚至他對健康的注意也不妨說是由康德的義務哲學引發的。他既不崇尚也不喜歡坐冷板凳的生活，卻認為這種生活對於智性的訓練不可或缺。赫爾德（J.G. Herder）是浪漫主義運動中最偉大、最富激情的作家之一，曾經聽過康德的講座，後來卻抵制這些講座的影響。不過，他對康德本人還是評價很高，他曾這樣總結過康德的性格：

我很幸運能夠結識一位授業於我的哲學家。他雖已邁入人生的壯年時期，卻依然像年輕人那樣精神高昂、心情愉悅。這種狀態我看在他耄耋之年仍然會葆有不變。他的眉毛很寬，是那種思想者所特有的眉毛，透出無法攪擾的寧靜和喜悅。思想從他的嘴裏汩汩流出，任由他嬉笑怒罵、幽默風趣，他那令人受益匪淺的講座寓教於樂、讓人癡迷。

他研究了萊布尼茨（G.W. Leibniz）、沃爾夫（Christian Wolff）、鮑姆嘉通（Baumgarten）、克魯修斯（Crusius）和休謨（David Hume），分析了物理學家開普勒（Kepler）和牛頓（Newton）所闡述的自然規律。他也以同樣的方式評估了當時出版的盧梭的著作，即《愛彌兒》和《新愛洛伊絲》。就像他不放過被他所注意到的自然科學的任何新發現一樣，他評估了這兩部作品的價值，隨後又一如繼往獲得了關於自然以及人的道德價值的不偏不倚的知識。

無論是人類的歷史，還是國家的抑或自然的歷史，自然科學、數學和他本人的經驗都是讓他的講座和日常生活生動起來的源泉。他從來不放過值得認識的任何東西。陰謀心計、幫派利益、強勢壓人以及功名之心都從未絲毫攪走他拓展和闡明真理的心力。他鼓勵人們去獨立思考，即使

強迫他們也不失溫和：他絕對沒有鉗制他人的本性。這個人就是康德，我都是懷著不盡的感恩之情和崇敬之情稱呼這個名字的；每當我回想起他的形象時都會感到心情愉悅。

康德的大學教職要求授課內容覆蓋哲學的方方面面，他多年來的知識生活都被教學工作以及出版未闡述充分的書籍和論文所佔去。他的偉大作品、第一部主要出版物《純粹理性批判》是在1781年面世的，當時康德五十七歲。他在給孟德爾頌(Moses Mendelssohn)的一封信中就這本書寫道：「雖然這本書是十二年思考的結果，它其實是急就章，大約花了四到五個月就完成了；對它的內容我倒是極為用心，卻沒有太在意它的風格以及理解方面的難度。」（《康德哲學通信：1759–1799》，105–106）為了降低《純粹理性批判》這本書在理解上的難度，他出版了一本小冊子，名為《任何一種能夠作為科學出現的未來形而上學：導論》(1783)。其中有機智的辯論，也有對《純粹理性批判》中最令人氣惱的段落晦澀不明的縮寫。在1787年出第二版《純粹理性批判》的時候，康德重寫了最晦澀的部分；由於改寫前和改寫後的結果沒甚麼兩樣，評論者一致認為康德著作的晦澀難懂並非源自風格，而是源自思想本身。不過，儘管晦澀難懂，這部著作在整個德語世界還是很快名聲大噪，以至於「批判哲學」大行其道，

走上了講堂，同時也受到反對，甚至有時會遭到禁止，其推行者也受到迫害。康德信心大增，於是在1787年提筆給賴因霍爾德(K.L. Reinhold，此人曾經為宣揚康德的思想作了不少努力)寫信，信中說道：「我向你保證我沿着自己的路走下去的時間越長，我就越不擔心有甚麼矛盾會嚴重地破壞我的體系。」(《康德哲學通信：1759-1799》，127)康德第一部《批判》的影響由斯達爾夫人(Madame de Staël)公平地總結出來了。在該書第一版出版之後的第三十個年頭，她這樣寫道：「當最後它所包含的思想的寶庫被發現的時候，德國轟動了，自那時起，不論文學還是哲學上的成就都源自於這一影響所給予的衝動。」

在寫給孟德爾頌的信中，康德提到在反思的十二年間他幾乎沒有寫任何東西，他早期(「前批判」)的作品並不能吸引研究他的成熟哲學的學者。不過，批判哲學一旦獲得了表達，康德就懷着不斷增加的信心繼續探索它的支脈。《純粹理性批判》系統地研究了形而上學以及知識論，隨後的《實踐理性批判》(1788)所關心的是倫理學問題，而《判斷力批判》(1790)則主要關心美學問題。很多其他的著作和這些加在一起，連同所謂的貝利納版作品集，總共有三十二卷。在這些作品中有三部特別引起我們的注意：《導論》，已經提到過；《道德形而上學的基礎》是在第二部《批判》之前於1785年出版的，頗具

説服力地闡述了康德的道德理論；《道德形而上學》是1797年出版的後期作品，包含有康德的政治和法律思想。

腓特烈大帝在位時期柯尼斯堡開一時啟蒙之風，康德倍受腓特烈手下大臣的敬重，尤其受到教育大臣策德利茨的敬重。《純粹理性批判》一書就是獻給策德利茨的。但在腓特烈·威廉二世（Friedrich Wilhelm II）登基後，形勢陡轉。他的大臣沃爾納權傾一時，1788年負責宗教事務，企圖終止宗教寬容。康德所著《單純理性限度內的宗教》於1793年出版，是以柯尼斯堡哲學協會的名義印刷的，因此打了一個法律擦邊球，逃過了審查。沃爾納大為不悦，以國王的名義給康德寫了一封信，命令他進行自我檢討。康德在回信中向國王鄭重承諾不參與公開的宗教討論，不論是以講座的方式還是寫作的方式。國王死後，康德自以為這個承諾就自然地解除了。實際上，這次同當權者的齟齬給他帶來了很大的痛苦。康德以自己身為忠實的臣民而感到自豪，儘管他對共和體制不乏同情。他曾經在一位英國人面前慷慨激昂地表達過這種同情，招致了那位英國人向他發出的挑戰，要與他決鬥。不過他的雄辯口才既化解了挑戰，也説服英國人放棄了觀點。（這裏所説的那位英國人名叫約瑟夫·格林Joseph Green，在柯尼斯堡經商，此後成了康德的至交。）

康德喜歡有女人陪伴左右（條件是她們不要假裝讀

得懂《純粹理性批判》），他曾經因此兩次考慮結婚。不過每一次他都會猶豫很長時間，最後又決定還是不要結婚的好。有一天，他的那位不注重儀表、醉醺醺的男僕身着黃色外套來就餐。康德生氣地要求他把外套脫下來賣掉，有甚麼經濟損失他來補償。他當時才驚訝地知道男僕曾經結過婚，後來成了鰥夫，而當時男僕又要再次結婚，那件黃色外套就是為了結婚買的。康德知道這些後大為吃驚，從此再也不喜歡這個僕人了。令人奇怪的是，他對婚姻不再抱有幻想。儘管他在《道德形而上學》中為這一制度辯護，他還是把婚姻關係描述為兩個人為了「相互使用對方的性器官」（《康德哲學通信：1759–1799》，235；《道德形而上學》，277)而達成的協議。不止於此，康德在他早期所寫的《關於美感和崇高感的考察》(1764)一文中雄辯地闡述了兩性之間的區別。他強烈反對一種觀點，即認為男女共享一種特性，並且單單這一特性就足以決定他們之間的關係特徵；相反，他賦予女性以魅力、美麗以及融化心靈的特質，這些特質對他身為其中一員的「崇高」、「有原則性」和「務實」的男性來說卻很陌生。康德對女性的這一番描述同他對大自然之美的描述是一致的。首先是大自然激發了他的情感，小時候媽媽為了喚起康德對她所熱愛的事物的情感，帶他去的地方正是那些自然美景。從他的這些感發中既可能覺察出女性的魅力，也可能覺察出自然

圖3　柯尼斯堡的舊港口，赫爾曼(1812–1881)作品

美景，它們都是情色的延伸；如果這一切得到更活躍的表達，就很有可能打破我們的理性歷史所倚重的常規理念。

康德最後一次作正式報告是在1796年。當時他五官功能已經開始衰退，也沒有了先前的快樂，取而代之的是憂鬱低落。費希特(J.G. Fichte)是這樣描述的：他似乎是在睡夢中作講座，突然驚醒後所講的主題也忘記了大半。他不久就開始老糊塗起來，老朋友也不認識了，連簡單的句子都說不完整。他昏睡了過去，於1804年2月12日結束了他無瑕的一生，沒有帶走生前的智慧才華。他下葬時有很多人從德國各地趕來，整個柯尼斯堡的人也都到場；即使在年邁體弱時，康德也仍然被視為這座城市最偉大的榮耀。他的墓穴坍塌過，在1881年得到了整修。他的遺骸在1924年被移至該市教堂的門廊，門廊莊嚴蕭穆，具有新古典主義風格。1950年，一位不知名的破壞者打開了石棺，讓其敞開着。此時，柯尼斯堡已經不再是學術中心了。在受到紅軍的粗暴毀壞之後，這座城市被併入蘇聯，並且用斯大林的追隨者中為數不多的自然死亡者的名字給它重新命名。一塊銅板仍然固定在城堡的牆上，俯視着這位逝者和這座廢城。銅板上面寫着摘自《實踐理性批判》一書結束部分的一句話：

兩件事物充斥着我們的心靈，它們永遠歷久彌新，不斷地加增着敬畏，我們越來越經常對它們進行玄思：頭上的星空和內心的道德律。

生活在加里寧格勒的居民是幸運的，因為他們每天都會被提醒存在着這兩件事物，如果他們還對其懷着敬意的話。

圖4　城堡牆壁上的康德紀念碑

第二章
康德思想的背景

　　《純粹理性批判》是現代史上所寫下的最為重要的哲學著作，也是最難讀懂的著作之一。它提出的問題很新奇，包羅萬象，所以康德認為很有必要創造一些術語來討論這些問題。這些術語有一種奇特的美感和吸引力。他的詞彙把秩序和關聯性強加給傳統的哲學問題，體驗不到這一秩序和關聯性就難以充分欣賞康德的作品。然而，康德思想的主旨是可以用較低層次的習語來表達的，接下來的內容我會盡可能不用他的術語。這項任務並不容易，因為對康德術語的意義沒有公認的解釋。儘管康德體系的整體畫面對評論過它的所有人來說都是一樣的，但是對於他的論點的說服力甚至具體內容卻眾說紛紜。評論者給出的前提和結論儘管都很清楚，還是無一例外地被指責為遺漏了康德的論點，而唯一可以避免學術指摘的方法就是蹈襲原著用語的詰屈聱牙風格。近年來，遭受這種批評的危險又更多了些。當代的康德研究——尤其是在英國和美國——傾向於認為，康德學術研究的晦澀難懂常常是其混亂不清導致的結果。為了不把混亂歸咎於

Critik

der

reinen Vernunft

von

Immanuel Kant

Profeſſor in Königsberg.

Riga,
verlegts Johann Friedrich Hartknoch
1781.

圖5　《純粹理性批判》（第1版）

康德，學者們不辭辛苦地從第一部《批判》中生發出或者至少是強加上一套使其明白易懂的闡釋。我也會試着這樣做，而帶給我影響的這些當代研究恕我不能一一致謝。

由闡釋《純粹理性批判》引出的第一個問題是：它希望回答甚麼問題？康德在第一版的前言裏寫到：

> 通過詢問這個問題，我使自己的目的得以完善。我大膽地主張所有的形而上學問題都已得到解決，或所有的形而上學問題至少解決方法已經提了出來。

> （《純粹理性批判》第1版，序言，xiii）

這種說法代表了第一部《批判》的雄心（儘管不是成就），但康德的動機實際上是一些更為具體的興趣。如果我們轉向歷史上康德式觀點的先例，就可以從影響過他的哲學論戰中，抽取爭論的一些主要論題。我們所發現的最重要的內容將是客觀知識問題，該問題笛卡兒曾經提出過。我對我自己可以了解很多，並且這種知識常常具有確定性的特徵。根據笛卡兒的觀點，懷疑我存在是尤其沒有道理的。這裏，懷疑只不過證實了被懷疑的對象。我思故我在。在這種情況下，我至少擁有客觀知識。我的存在這個事實是一個客觀事實；它是關於這個世界的事實，而不僅僅是關

圖6　康德與論友圍坐桌邊（德斯特林作於約1900年）

於某個人的感知。不管這個世界包含甚麼，它都包含了一個思維着的存在，這個存在就是我。康德的同時代人利希滕貝格(G.C. Lichtenberg)指出，笛卡兒不應該得出這種結論。「我思」表明存在一種思想，但是並不表示有一個我去思考。康德同樣不滿意笛卡兒的觀點，按照從這些觀點中推出的靈魂理論，他認為自我知識的確定性受到了錯誤描述。的確，不論我對這個世界有多麼地懷疑，我都不可能把這種懷疑延伸到主觀領域(意識領域)：所以我能夠直接確定自己當下的精神狀態。但是我無法直接確定我是甚麼，或者確定實際上是否存在一個這些狀態所歸屬的「我」。這些進一步的命題必須通過某種觀點來建立，而那樣的觀點還有待發現。

這種直接而又確定的知識具備甚麼樣的特徵呢？我當下精神狀態的區別性特徵在於：它們如其向我所呈現的，並顯得如其所是。在主觀領域，存在與似在彼此重合。在客觀領域，它們又分道揚鑣。世界之所以是客觀的，是因為它還可以區別於向我所呈現的樣子。因此，關於客觀知識的真正問題是：我怎樣才能認識世界的本來面目？我可以認識到世界自我呈現的樣子，因為那只不過是關於我當下的感知、記憶、思想以及情感的知識。但是我是否可以擁有一種知識，這種知識完全不是關於這個世界看似如何的知識？以一種更加一般的方式來表述這個問題就是：我能夠擁

有不僅僅從我自己的角度來獲得的關於這個世界的知識嗎？科學、常識、神學以及個人生活都假定客觀知識是可能的。如果這種假定沒有根據，那麼我們共同懷有的幾乎所有信仰也都是沒有根據的。

在距離康德最近的前輩中，有兩個人尤其為客觀性問題提供了答案，這些答案足夠明確，引起了知識界的關注。這兩人就是萊布尼茨（G.W. Leibniz 1646–1716）和休謨（David Hume 1711–1776）；前者主張我們能夠擁有不受任何觀察者的觀點影響的客觀知識；後者主張（至少在他同時代的人看來是）我們不可能獲得任何客觀知識。

萊布尼茨是普魯士學院派哲學的奠基者。他的思想反映在留給世人的那些未曾出版的只言片語中，這些思想由沃爾夫（Christian von Wolff 1679–1754）構建成了一個體系，又由沃爾夫的學生、曾做過牧師的鮑姆嘉通（A.G. Baumgarten 1714–1762）加以應用和擴展。在康德年輕的時候，萊布尼茨的思想體系受到了官方的責難，因為它所提出的理性主張威脅到了信仰主張；沃爾夫曾經一度被禁止教書。但是在腓特烈大帝統治時期，這個體系又重新受到歡迎，並成為德國啟蒙運動正統的形而上哲學。康德尊重這個正統，並且直至晚年他還用鮑姆嘉通的著作作為自己講座的教材。但是休謨的懷疑主義給康德留下了深刻的印象並提出了新的問題，這些問題使康德感到只有推翻萊布尼茨的思想體系才能得到

解答。這些問題涉及因果關係和先天知識(即無經驗依據的知識),並且和客觀問題結合在一起形成了第一部《批判》的獨特主題。

萊布尼茨所屬的學派現在一般被貼上了「唯理論」的標籤,休謨屬於「經驗論」學派,這兩派通常是對立的。這種簡單而又存有爭議地將前輩分成唯理論和經驗論的方式實際上歸功於康德。他相信這兩個哲學學派在結論上都是錯誤的,因此嘗試着描述一種吸收這兩個學派的真理、避免它們各自錯誤的哲學方法。唯理論從對理性的運用中獲得關於知識的所有斷言,旨在對世界作出絕對的描述,不受觀察者個人經驗的影響。它嘗試用上帝之眼觀察實在。經驗論則主張知識僅僅來自於經驗;因此,把知識同認識者的主觀條件分開是不可能的。康德希望對客觀知識的問題作出解答,這種解答既不像萊布尼茨的那樣絕對,也不像休謨的那樣主觀。為了理解康德的獨特立場,最好的方法是先總結他力圖摒棄的這兩種觀點。

萊布尼茨相信理智本身就包含着某些固有的原則,這些原則理智從直覺上就知道是正確的,因此它們構成了對世界的完整描述所依賴的公理。這些原則必然是正確的,不需要依靠經驗就得到了確立。因此,有了它們,世界就得到了如其所是的描述,而不會像在經驗中或是通過有條件的「觀點」所呈現的那樣被描述。同時,這些「觀點」具有個體特徵,可以

圖7　萊布尼茨(1646–1716)

被融入世界的理性圖景中。萊布尼茨在思維中識別出主詞和謂詞之間的區分(在「約翰思考」這個句子中,主詞是「約翰」,謂詞是「思考」)。

他認為這個區分對應於實在中的實體和屬性。世界上最基本的客體就是實體。他認為實體是自立的,不像內在於它們的屬性:舉個例子,一種實體無須思維就可以存在,但是凡是思維都需要實體。自立的實體也是無法毀壞的,除非用一種奇跡般的方法。萊布尼茨把它們叫做「單子」,他的單子的模型是個體靈魂,是思維實體,就如笛卡兒(René Descartes)曾經描述的那樣。從這個觀念出發,他獲得了關於世界的「無視角」圖像,依靠的是兩個基本的理性原理:矛盾律(一個命題和它的否定命題不可能同時為真)和充足理由律(沒有充足解釋的事情不能為真)。通過精巧而細致的論證以及最少的可能性假設,他得出了以下結論。

這個世界由無窮多單個的單子構成,這些單子既不存在於空間中也不存在在時間中,它們永恆地存在着。每個單子在某些方面與其他任何一個都不同(著名的「不可分辨物的等同性」定律)。沒有這個假設,客體就不能依其本質特性得以辨識;於是,為了將事物區分開來,採取何種視角就變得很必要,而萊布尼茨則主張世界的真正本質可以不採取任何視角就能認識。每個單子之所以需要一個視角,只是為了有一種表徵其內部構成的方式;它並不表徵如其內部所

是的那個世界。每個單子都從自己的視角像鏡子一樣反映世界，但是沒有哪個單子可以進入與其他單子的真正關係中，無論這種關係是因果性的還是其他性質的。甚至空間和時間也都是理性的建構物，通過這種建構物我們才使自己的經驗能夠被理解，但是這一建構物並不屬於世界本身。然而，根據「前定和諧」原則，每個單子的連續性特徵都對應於其他單子的連續性特徵。所以，我們可以把我們心智的連續狀態描述為「感知」，這個世界將會「顯現」在每個單子的面前，顯現方式則與世界在其他任何單子面前所顯現的方式一致。這些現象中有一個體系，在此體系內，談及以下幾個方面都是有意義的：空間關係、時間關係和因果關係；可被破壞的個體和動力原則；知覺、活動和影響。這些觀念以及從中得出的物理定律，其有效性依賴於它們所描述的觀點之間的根本和諧。這些觀念和定律只是間接地產生由單子構成的實在世界的知識，因為我們能夠確知，事物顯現的方式具有事物存在方式的形而上學印記。當兩隻手錶顯示完全相同的時間時，我會傾向於認為其中一隻引起了另一隻走動。這個例子說明了一種單純的表面的關係。萊布尼茨用差不多同樣的方式證明，由常識性信仰和感知構成的整個世界只不過是表象或「現象」。但是他聲稱這是「有根有據的現象」。它不是幻相，而是理性原則的運行所引起的必然而系統的結果，這些原則決定

着事物事實上如何。實在的實體，由於不是通過某種視角而得到描述和識別，所以就不具備現象的特點。實在本身只有通過理性才是可及的，因為只有理性才可以超越個體的視角，看到終極必然性，同時也是上帝的必然性。因此，理性必須通過「天賦」的觀念來起作用。這些觀念的獲得不通過經驗，它們屬於全體會思考的存在者。這些觀念的內容不有賴於經驗，而有賴於理性的直覺能力。這些觀念中有一種是實體觀念，萊布尼茨的所有原理都是由此而來。

休謨的觀點從某種程度上來說與萊布尼茨的觀點正相反。他否認通過理性來獲得知識的可能性，因為離開觀念理性就不能起作用，並且觀念只能通過感覺來獲得。歸根結底，每個思想的內容必須來源於證實它的經驗；只有藉助於為其提供保證的感覺「印象」，信念才能被確立為真。(這是經驗論的基本假設。)但是為我證實一切事物的唯一經驗就是我的經驗。其他人的或記錄的證據、對定律或假設的制定、對記憶和歸納的依賴——所有這一切的權威性都有賴於為其提供保證的經驗。我的經驗是其所似並似其所是，因為這裏的「似」就是存在着的一切。因此，不存在我如何認識它們這個問題。但是，休謨把所有的知識都建立在經驗之上，而把我對世界的知識歸結為關於我的觀點的知識。所有對客觀性的要求都變得虛假和虛幻。當我聲稱擁有關於存在於我感知之外的客

圖8　休謨(1711–1776)

體的知識時，我實際上唯一想說的是那些感知展現了一種連貫性和一致性，這種連貫性和一致性生成了獨立性這個（虛幻的）觀念。當我提到因果必然性時，我有資格所意指的一切就是經驗之中的常規性接續，再加上從這種接續生發出來的主觀期望之感。對於理性來說，這可以告訴我們「觀念之間的關係」：比如，它可以告訴我們空間這個觀念包含在形狀這個觀念中，也可以告訴我們單身漢這個觀念和沒有結婚的男人這個觀念是一致的。但是它既不能產生自己的觀點，也不能決定一個觀念是否有可應用性。它僅是從詞語意義派生出的細微知識的源泉；它從來都不能得出關於事實的知識。休謨的懷疑主義走得太遠，以至於對自我（這個自我為萊布尼茨的單子提供了模型）的存在提出質疑，並且聲稱既沒有根據這個名字命名的可感知客體，也不存在能夠產生關於該客體之觀念的任何經驗。

這種懷疑主義迴溯到它所源自的最根本的觀點，讓人無法忍受；所以並不奇怪的是，康德正如他自己所說的那樣是被休謨從「教條主義的迷夢」（《未來形而上學引論》，9）中喚醒。休謨哲學中最困擾康德的部分關係到因果關係這個概念。休謨主張自然中不存在篤信必然性的基礎：必然性只屬於思想，並且僅僅反映了「觀念之間的關係」。正是這一點導致康德認為，自然科學是建立在存在着實在必然性這一信念之

上的，所以休謨的懷疑論就存在着破壞科學思想之基礎的威脅，它絕不是一種學術作為。康德的確與萊布尼茨及其體系有過長久的爭論。但是，客觀性與因果必然性問題有着終極的關聯，正是這一認識把康德引向了《純粹理性批判》中的思路。直到那時，他才通過試圖指出休謨的真正錯誤所在而認識到了萊布尼茨的真正錯誤。他開始作出如下思考。

經驗和理性都不能獨立地提供知識。前者提供沒有形式的內容，後者則提供沒有內容的形式。只有二者結合起來，才使獲得知識成為可能；所以，不同時帶有理性印記和經驗印記的知識是沒有的。不論如何，這樣的知識是真實的和客觀的。它超越了知識擁有者的觀點，並且對一個獨立世界給出了合理的論斷。不過，要認識那個「如其自身存在的」、不受所有視角影響的世界是不可能的。康德認為，這種對知識客體的絕對觀念是沒有意義的，因為這種觀念的給出只能藉助於概念的運用，並且這些概念中的每一個意義元素都已被抽空。即使我可以不受我自己觀點的影響去認識世界，我所認識的內容（即「表象」的世界）也還是烙上了那個觀點的無法消除的印記。客體並不依賴於我感知到它們而存在，但是它們的本質卻是由它們能被感知這個事實決定的。客體不是萊布尼茨的單子，只對「純粹理性」的無觀點態度是可知的；也不是休謨的「印象」，即我自己的經驗的特徵。它

們是客觀的，但是其特徵是觀點所給予的，正是通過觀點它們才能被認識。這就是「可能經驗」的觀點。康德試圖表明，如果得到恰當理解，「經驗」這個觀念已經帶有休謨所否定了的客觀的指稱。經驗在其自身之中就包含了空間、時間和因果關係這些特徵。所以在描述我的經驗時，我所指的是一個獨立世界的有序景觀。

為了介紹客觀性這個嶄新的概念(他用「先驗唯心論」來命名)，康德先從探究先天知識開始。在真正的命題中，有些不依賴經驗即為真，不論經驗如何改變依然為真：這些是先天真理。其他的命題，其真實性則取決於經驗，如果經驗不同，這些命題或許就是假的：這是後天真理。(這裏的術語不是康德發明的，儘管由於康德經常使用而使它們很流行。)康德認為先天真理有兩種，他稱做「分析的」和「綜合的」(《純粹理性批判》第1版，6–10)。分析真理如「所有單身漢都沒有結婚」，它之所以為真是由表達它的術語的意義來保障的，並且是通過分析這些術語來發現的。綜合真理的真理性不是這樣得出的，而是如康德解釋的那樣，通過在謂項中斷定主項中所沒有包含的東西得來。這種真理如「所有的單身漢都是未滿足的」(假設這是真實的)，它表述的是關於單身漢的某些實質，不僅僅是在重覆用來指代它們的那個術語的定義。分析和綜合的區分涉及到新的術語，儘管在早期哲學家那

圖9 石里克(1882–1936)，維也納學派領軍人物

裏也能找到類似的區分。受到波伊提烏(Boethius)的啟發，阿奎納(Aquinas)把不證自明的命題定義為在這種命題中「謂項包含在主項的概念中」；類似的觀念也可以在萊布尼茨的思想中發現。然而，康德的創造性在於，他堅持認為這兩種區分(即先天的和後天的，以及分析的和綜合的)在本質上完全不同。如果認為它們必須契合，只不過是經驗論者的獨斷論而已。可是，如果經驗論者的觀點正確，就不存在綜合的先天知識，綜合真理只可能通過經驗獲得。

經驗論者的立場在當代已被「維也納學派」的邏輯實證主義者接受，他們主張所有的先天真理都是分析的，並得出這樣一個結論：任何形而上學的命題必定沒有意義，因為它既不可能是分析的也不可能是後天的。對康德來說，經驗論否定了形而上學的可能性，這很明顯。但是，如果要為客觀知識提供基礎，形而上學是很必要的：沒有它，就無法想像還有甚麼能夠阻擋休謨的懷疑論。所以，所有哲學的首要問題就變成：「綜合的先天知識如何才是可能的？」或者用另一種方式來說：「我怎樣才能通過純粹的反思而不藉助經驗就可以認識這個世界？」康德覺得，對於將認識對象同認識者的視角區分開來的先天知識，不可能作出任何解釋。因此，對於任何人企圖聲稱我們能夠獲得關於永恆、無限的「物自體」(即不用參照一個觀察者的「可能經驗」就被定義的任何對象)世界

的先天知識，他都持懷疑態度。我只能對我所經驗的世界擁有先天知識。先天知識為經驗性的發現提供支撐，但是它也從經驗發現中獲得內容。康德的第一部《批判》部分地將矛頭指向這樣一個假定：「純粹理性」不用參照經驗就可以為知識賦予內容。

所有的先天真理既是必然的又是絕對普遍的：必然和絕對普遍是兩個標誌，依據它們我們可以在關於知識的主張中識別那些先天為真的知識項——如果它們確實為真的話。因為很明顯的是，經驗絕不會賦予任何事物以必然性或絕對普遍性；任何經驗本來都可能是另一種情形，經驗必然是有限的和個別的，因此，普遍性法則(它具有無限多的個例)永遠不會被經驗所真正證實。沒有人應該真正地懷疑存在着綜合的先天知識。康德用數學作為最顯著的例子：我們通過純粹的推理而非對數學術語涵義的分析來認識數學。對數學的先天性應該有哲學上的解釋，康德試圖在第一部《批判》的開篇部分就給出這樣的解釋。但是，他也對其他一些令人迷惑的例子予以了關注。例如，下面的命題就似乎先天為真：「每個事件都有原因」；「世界是由不依賴於我而存在的永恆客體組成的」；「所有可被發現的客體都存在於空間和時間之中」。這些命題都不能通過經驗來確立，因為它們的真理性在對經驗的闡釋中已經預先設定了。此外，每個命題聲稱為真不是在這種或那種場合，而是普遍地

和必然地為真。最後，正是這樣的真理被要求用來證實客觀性。因此，客觀性問題和綜合的先天知識最終聯繫在了一起。此外，上述真理在所有科學解釋中起到的至關重要的作用說服了康德，使他相信客觀性理論也為自然必然性提供了解釋。由此，這樣的理論就可以對休謨的懷疑論給出完整的答案。

那麼，康德在第一部《批判》中的目的是甚麼呢？首先，與休謨相對，其目的是為了說明綜合的先天知識是可能的，並且提供相關例子。其次，與萊布尼茨相對，證明如果不顧及經驗所施加的限制因素來進行推演，單獨的「純粹理性」只能導致幻相，因此不存在關於「物自體」的先天知識。根據論題的分野，將第一部《批判》分為兩部分是很正常的：第一部分是「分析性的」，第二部分是「辯證性的」。儘管這個劃分和康德對章節的劃分(極為複雜，充滿了專門語彙)不完全對應，但卻足夠嚴密，不會誤導讀者。術語「分析性的」和「辯證性的」為康德所用，論證的兩分法也一樣。在第一部分，康德對客觀性的辯護得以闡釋；我將從對「分析性」的論證入手，因為只有把握了這一部分才可能理解康德形而上學的本質，理解他日後從中發展出來的道德、美學和政治理論的本質。

第三章
先驗演繹

　　康德對形而上學的基本問題——「綜合的先天知識如何可能？」作出的回答包括兩個部分。依照康德自己的術語（《純粹理性批判》第1版，xvi），我把它們叫做「主觀」演繹和「客觀」演繹。（康德使用的是「演繹」這個術語的法律內涵，就如在對土地所有權的演繹中的內涵一樣，指我們對某物擁有權利的一種證明；康德在此指有使用某些概念或「範疇」的權利。）康德在1770年的就職論文中對主觀演繹進行了部分地勾勒（「就職論文」，54頁及其後），主觀演繹主要是一種認識論。它試圖說明作判斷時會涉及甚麼：判斷某物為真還是為假。主觀演繹集中論述思維的本質，尤其是信仰、感知和經驗的本質。它的結論作為一般性的「知性」（判斷能力）理論的一部分呈現出來。康德反復強調，該理論不能被解釋為經驗心理學。它也不是，也沒有聲稱是，關於人的而非其他物種的心智活動的理論。它是關於知性本身的理論，告訴我們知性是甚麼，如果作判斷，知性又必須如何起作用。在所有關於這些問題的哲學討論中，康德認為

我們談論的「不是經驗的起源，而是經驗裏面包含着甚麼」（《未來形而上學引論》，63）。他還把這種純粹的哲學問題比做自那時起逐漸流行起來的「對概念的分析」。康德希望劃定知性的界限。如果存在着知性不能把握的事物，那麼關於它們的所有斷言都是沒有意義的。

客觀演繹企圖肯定地確立先天知識的內容。這裏的論證並不是通過對認識能力的分析進行的，而是從對認識之基礎的探究進行的。經驗的前提假設是甚麼呢？如果我們要獲得懷疑論者所歸於我們的那種原原本本的觀點，那甚麼又必須為真呢？如果我們能夠識別出這些前提假設，它們就會被確立為先天為真。因為它們的真理性不是來自於我們有這樣或那樣的經驗，而是來自於我們確實有經驗。所以它們不依賴於任何特定的經驗來獲得證實，僅僅通過推理就能夠成立。在每個懷疑論問題可以被提出的領域(在每個可理解的領域)，它們都將為真。這就等於說它們具有必然性。我不能設想它們為假，因為我不能設想自己是一個反駁它們的世界的一部分。

康德把這一論證稱做「先驗演繹」，稱由此產生的理論為「先驗唯心論」。「先驗的」這個詞需要一些解釋。如果一種論證為了建立經驗的先天條件而「超越」了經驗探究的「限度」，那麼它就是先驗的。我們必須把先驗論證和經驗論證區分開來(《純粹

理性批判》第2版，81）；不同於後者，前者引向「一種更關注我們對客體的認識模式而不是客體本身的知識，只要這種認識模式是先天可能的」（《純粹理性批判》第2版，25）。「先驗的」這個詞也被康德用做他意，來指代「先驗客體」。這是一些超越經驗的客體，即無法由經驗研究揭示的客體，它們自身既無法觀察也不與可觀察的東西有因果關聯。這些「先驗客體」提出了一個闡釋問題，我在第四章會回來談論這個問題。

現在我要轉回對「先驗唯心論」的闡釋上來。簡而言之，這個理論暗示着，建立在主觀演繹基礎上的知性法則和建立在客觀演繹基礎上的先天真理是一樣的。換句話說，它意味着認識者的能力與被認識對象的本質之間有某種極其特殊的和諧關係。正是由於這種和諧，先天知識才是可能的。

根據這一理論，主導着知性的「思想形式」與實在的先天本質是完全一致的。世界如我們所認識的那樣，我們也如其所是地那樣認識它。闡釋康德思想的所有主要困難，幾乎都取決於那兩個命題中哪一個被強調。是我們的思想決定世界的先天本質，還是世界決定了我們必須怎樣去思考它？我認為答案為「都不是和都是」。但只有到本書的末尾答案才會明了。

自我意識

　　我已經採納康德的用法，談到了「我們的」知性和經驗。「我們」是誰？康德用的是第一人稱複數，這是一個具有非常獨特的特徵的用法。正如我說過的那樣，他不是在對「像我們這樣的動物」進行心理學研究。他也不是在用無法找到真正主體的抽象作者的聲音講話。他無差別地用術語「我們」來表示任何能使用「我」這個詞來指代的存在物：任何一個可以把自己識別為經驗主體的人。整個康德哲學的出發點都是自我意識這個單一的前提，他的三部《批判》的前兩部分別與下列問題相關：「一個有自我意識的存在者必須思考甚麼？」「他必須做甚麼？」自我意識是一個深層現象，包括很多層次和方面。並不是每個存在者都能夠認識他自己的經驗〔對他來說，「我思」能夠伴隨他的所有感知，正如康德表述自己對笛卡兒的關鍵修正(《純粹理性批判》第2版，131–132)〕。但是，正是這樣的存在者才能提出懷疑論問題：「事物真像它們對我呈現的那樣(就像我的經驗表徵它們那樣)嗎？」因此，該論證所探究的是這一自我意識的假定前提。康德的結論可以總結如下：使懷疑論成為可能的條件也表明懷疑論是虛假的。

先驗綜合

　　我將首先討論主觀演繹——關於判斷的「主觀條

件」的理論。我們的知識有兩個來源：感性與知性。感性是直覺的能力：它包括被經驗論者視為知識之唯一基礎的所有感覺狀態和限定。知性是概念的能力。概念不得不被應用在判斷中，因而這種能力不同於感性，它是能動的。康德認為，不理解這一關鍵點而按照感覺的模式來解釋知性的所有概念，這是經驗論者的一個錯誤。(這樣，對休謨而言，概念就僅僅是它所源自於的「印象」的褪色印記。)唯理論也有相應的錯誤，即把感知視為一種對概念思維的混亂追求。所以，康德把萊布尼茨和洛克(John Locke)之間著名的爭論總結為：「萊布尼茨將現象理智化，正如洛克……把知性的概念感性化一樣。」然而實際上，這裏有兩種能力，二者不可相互歸結；它們「只有和另一個聯合起來才能客觀有效地對事物作出判斷」(《純粹理性批判》第1版，271；第2版，327)。

判斷由此要求將感性和知性結合起來。沒有概念的大腦就沒有能力去思考；同樣，有概念武裝的大腦若沒有可供應用的感覺數據，就沒有思考的內容。「沒有感知，就沒有客體提供給我們；沒有知性，就沒有對象可供思考。沒有內容的思想是空洞的，沒有概念的直覺是盲目的。」(《純粹理性批判》第1版，51；第2版，75)作出判斷就要求康德所謂的概念和直覺的「綜合」，只有綜合起來才會產生真正的經驗(和單純的「直覺」相對)。康德對這一綜合的描

述讓人有些迷惑：有時候，它似乎是經驗得以產生的「過程」；又有些時候，它似乎是經驗所包含的「結構」。無論在甚麼情形中，它似乎有兩個階段：「純粹」綜合，在這裏直覺組合成一個整體；然後是判斷行為，在這裏整體通過概念被賦予了形式（《純粹理性批判》第1版，79；第2版，104）。這種綜合並不意味着要成為一個心理事實，它是與「經驗」綜合相對的「先驗」綜合。換句話說，它是在(自我意識的)經驗中被假定的，不是從中派生的。我並未控制自己的經驗，然後讓它隸屬於綜合。因為，「控制」這個行為假定了綜合已經發生。設想一下，我試圖描述當我坐在桌旁寫字的時候事物如何向我顯現。我即刻就開始了把感覺意識歸入概念(比如那些桌子和寫字的概念)的活動。我只能通過描述「事物如何顯現」來將我的經驗呈現給自己：這就要用到知性的概念。相反，如果沒有展示這些概念之應用的經驗，我的所有概念都將是不可理解的。

先天概念

經驗論假定，全部的概念派生於或者在一定程度上可以歸結為保證其應用的感性直覺。沒有相對應的感性刺激就不會有概念，也正是根據這樣的刺激，概念必須獲得意義。康德認為，這種假設是荒謬的。經驗論者混淆了經驗和感覺。經驗能為概念的應用提供

根據，因為它已經包含一個概念，與剛才描述的「綜合」一致。感覺或者直覺則不包括概念，也不為判斷提供根據。在未經心理活動改造之前，所有感覺都沒有心智結構，因此也不能為信仰提供理由。如果我們理解經驗，那是因為它們自身已經包括了我們假定從它們之中得出的概念。這些概念從何處而來？不是從直覺而來。因此，知性本身必定含有概念的某種全部要素，來限定它的活動形態。

由此可知，萊布尼茨的「天賦觀念」基本上是正確的。有些概念通過經驗是無法給出的，因為它們是在經驗中預設的。它們與對世界的每一次理解（這種理解能夠呈現為我的）都相關；沒有這些概念就沒有經驗，而僅僅有直覺，從直覺中沒有知識可以派生出來。知性的這些「先天概念」規定了判斷的基本「形式」。其他的概念可被看成是對它們的「限定」——也就是說，看成是多多少少摻雜着觀察和試驗因素的特定情形。

康德把這些基本的概念叫做「範疇」，借自亞里士多德（Aristotle）曾經使用過（但沒有系統使用）的一個類似術語。範疇是我們思維的形式。其中有一個概念是萊布尼茨體系的源頭：實體範疇。實體是能夠獨立存在的，並且承載着依賴於它的特性。「椅子」這個概念是對一般實體概念的一個特別的、經驗性的限定。它只能被已經掌握那個一般概念的人獲得，因為

圖10　四十四歲時的康德（貝克作品，約於1768年）

只有這樣的人能夠以一種必要的方式來闡釋他的經驗。另一個範疇受到了休謨懷疑論的攻擊，此即因果範疇。分析性論證大部分都涉及實體和因果性觀念，因為康德希望我們理解這兩個觀念。這並不奇怪。然而，他總共給出了十二個範疇，並且很滿意地發現它們和傳統形而上學的所有爭論都相呼應。

主觀演繹

從上面的論述似乎可以得出，如果我們想真正擁有知識，我們的直覺就必須容許對範疇的應用。更直接地講：在我們看來似乎是，我們面對着實體、原因和其他範疇。所以，我們能夠先驗地知道，每個可以理解的世界（每個可能包含自我意識的世界）也必然會有受範疇支配的表象。只有當它看來似乎遵守某些「原則」的時候，它才能有那種表象。一個原則規定着一個範疇能應用的條件。所有原則結合起來界定了我們所要求的先天知識的範圍。

範疇的「主觀演繹」確立了甚麼？答案似乎是這樣的：我們必須按照範疇來思考，因此也必須接受制約範疇之應用的那些原則為真。所以通常來說，世界必須以一種讓我們能夠接受這些原則的方式呈現給我們。自我意識要求世界必須看起來符合範疇。這個論斷包含了康德所稱的哲學上的「哥白尼式革命」的本質。以前的哲學家都把自然看做是最根本的，詢問

我們的認知能力怎樣能理解自然。康德把認知能力當做最根本的，然後推演自然的先天界限。這是他回應休謨的第一個重要步驟。休謨曾經主張，我們的知識有着經驗的基礎。對此人們未覺不妥。但是經驗不是休謨所認為的簡單概念。經驗包括智識的結構，它已經按照空間、時間、物質和因果關係這些概念組織過了。所以，不存在不指向自然世界的經驗知識。我們的觀點本質上是關於客觀世界的觀點。

但是，這回答了懷疑論者嗎？懷疑論者必然會說，即使康德是正確的，即使世界必須按照這種方式呈現給我們，難道世界就必須是其所呈現的那樣嗎？即使我們被迫認為範疇有適用性，也並不能得出它們確實適用。我們不得不從對我們觀點的描述轉到對世界的描述上去。所以「思想的主觀條件怎樣才能具有客觀有效性？」（《純粹理性批判》第1版，89；《純粹理性批判》第2版，122）這個問題仍然存在。正如康德所稱（《純粹理性批判》第2版，141），任何判斷都有一定的客觀性。那麼很明顯，範疇的「客觀演繹」是不可少的：這一論證會表明，世界，而不僅僅是我們對世界的經驗，與知性的先驗原則是一致的。

思想的形式和直覺的形式

在繼續探討客觀演繹之前，我們必須回到《純粹理性批判》的前幾部分，在那裏，康德籠統地表述了

感性的本質。康德相信，通過抽象化過程他已獲得了一個範疇表。假設我正描述我現在看到了甚麼：一支鋼筆在寫字。「鋼筆」這個概念是「人工製品」這個更寬泛概念的特別「限定」，「人工製品」本身又是「物質客體」概念的限定，等等。這一系列抽象的限度是在每個階段都得到例證的先天概念：實體。越過這個限度，即使我們繼續思考，也無法繼續抽象了。同樣，「書寫」是「行動」的限定，而「行動」又是「力量」的限定，如此等等：這裏的範疇是原因或者是解釋，在這二者之外知性就不能繼續。康德通過這些以及類似的思維實驗認為，在他列出的十二個範疇中，他已經分離出判斷的所有形式，從而給出了客觀真理這個概念的說明。因此，我們對於知識客觀性的證明涉及到對範疇的「客觀有效性」的證明，以及對應用這些範疇時所預設原則的證明。

然而，還有兩個觀念，儘管它們對科學、對關於這個世界的客觀觀點非常重要，但仍不在康德的範疇表裏。這就是空間和時間。康德不把它們描述為概念，而是描述為直覺形式。第一部《批判》的開篇部分，即「先驗感性論」（Transcendental Aesthetic）中論述了空間和時間。這裏 Aesthetic 這個詞是從希臘語中描述「感覺」的詞語中派生出來的，表示這個部分的主題是感性能力，是獨立於知性來考察的。康德認為空間和時間遠不是能被應用於直覺的概念，而是直覺

的基本形式，意味着每一感覺都必定帶有時間組織有時又是空間組織的印記。

時間是「內感覺」的形式，即所有心智狀態的形式，不論它們是否指涉客觀現實。沒有哪個心理狀態不是在時間中的，並且時間是通過我們經驗中的這一組織對我們來講成為實在的。空間是「外感覺」的形式，即「直覺」的形式。這裏的「直覺」被我們指向獨立的世界，從而被我們看成是客觀事物的「表象」。一切事物，除非被感知為「外在的」，從而和我自己在空間上相關聯，就不能獨立於我而呈現在我面前。與時間一樣，空間形成我的感性組織的一部分。我的感官印象具有空間形式，這已在「視界」的現象中得到了證實。

那麼為甚麼否認空間和時間是先天概念呢？它們是先天的，但不可能是概念，因為概念是普遍的，涵蓋了大量的實例。康德認為，必然只有一個空間也只有一個時間。所有的空間形成了一個單一空間的各個部分，所有的時間也形成了一個單一時間的各個部分。康德有時也通過以下說法來表達這一點：空間和時間不是概念而是「先天直覺」。

在康德哲學中，對秩序的強烈追求使他試圖通過他的體系中每個獨特的部分，來解決盡可能多的哲學問題。康德把空間和時間與知性這一範疇區別對待，這樣做的動機就是為了提出一種解釋：存在着兩種綜

合的先天真理——數學和形而上學。對於其中每一真理的解釋似乎都應該是不同的，因為數學對所有的思考者而言是不證自明的，而形而上學在本質上就有爭議，是人們無休止爭論的一個問題；「遠遠不像二乘以二等於四這個命題那麼明確」(《純粹理性批判》第1版，733；《純粹理性批判》第2版，761)。數學確實具備直覺本身全部的直接性和明確性，形而上學的原理卻只能從思維中派生出來，必然是有爭議的。康德把數學解釋為一門先天的直覺科學，並認為他能夠說明為何如此。在數學中我們面對的是「先天直覺」；這為我們的思維自動提供了內容，沒有內容，思維就無法抽象地運用範疇。數學的結論是「先天地、直接地」得出的(《純粹理性批判》第1版，732；《純粹理性批判》第2版，760)，形而上學的結論必須通過艱苦的論證才能得出。

不論我們是否接受康德的解釋，他的哲學一個獨特的特點無疑就在於把數學真理看成先天綜合真理。同時，他又不贊成柏拉圖(Plato)的解釋，即這種先天綜合地位是從數學對象(抽象的、不可改變的數字和形式)獨特的本質中得出的。康德也不同意休謨和萊布尼茨的觀點，後二者認為數學是分析的。所以問題就在於，數學怎麼可能是先天綜合的，同時又不提供神秘的和無法觀察的領域的知識？康德在就職論文中認為，幾何學的先天性來自於數學思考的主體而不是客

體（「就職論文」，70–72）。正是這一點促使他形成了以下成熟觀點：只有空間進入了感知的本質，才存在空間的先天知識。這樣就有了作為直覺「形式」的空間的理論。

因此，客觀知識有雙重的起源：感性和知性。正如前者必須「符合」後者一樣，後者也必須「符合」前者；否則兩者的先驗綜合就是不可能的。說知性必須「符合」感性是甚麼意思呢？時間是所有感性的普遍形式，因此這個主張就等同於：範疇必須在時間中首先得到應用，並且相應地被「決定」，或者說限制。這樣，實體概念用以作為其首要例證的東西，就既不可能是萊布尼茨的「單子」，也不可能是柏拉圖的超領域抽象客體，而是暫時性的普通事物，這些事物在時間中持續，易於變化。如果這些事物具有客觀性，那麼按照空間是外感覺的形式這個理論，它們必定也是空間性的。所以，證明實體概念的「客觀有效性」並不是去證明這個世界是由單子組成的。確切地說，世界是由普通的空間—時間客體組成的。關於客觀性的哲學論證所要確立的不是抽象的、無視角世界的存在，而是要確立由科學和日常感知構成的常識世界：這個世界正是休謨懷疑論和萊布尼茨的形而上學所質疑的世界。因此，對於康德來說，在他對客觀性的論證中說明下面這一點很重要：他所證明了的那些信念與牛頓科學為所有可感知物制定的原理完全一致。

統覺的先驗統一

範疇的「客觀」演繹開始於自我意識這個前提，按獨特的康德用語來說，自我意識就是「統覺的先驗統一」。理解這個短語很重要，它包孕着康德哲學的大部分思想。「統覺」是從萊布尼茨的形而上學中借鑑而來的一個術語，指主體能夠說「這是我的」的任何經驗。換句話說，統覺」意味着「自覺的經驗」。統覺的統一性就在於「『我思』，它能夠伴隨我所有的知覺」（《純粹理性批判》第2版，131–132），這裏又借用了康德轉述的笛卡兒的說法。它由我的直接意識組成，即意識到同時發生的經驗是屬於我的。我直接知道，在兩者都屬於規定着我的觀點的那個意識的統一體這層意義上講，這個思想和這個感知都同等地屬於我。這裏，懷疑是不可能的：我絕對不會處於狄更斯在《艱難時世》中賦予格雷因太太臨終之時的那種狀態，即知道在房間某個地方有疼痛，卻不知道疼痛是我的。這種對統一性的理解就叫做「先驗的」，因為我永遠無法從經驗中獲得它。我不能聲稱，因為這個疼痛有這樣的特質，這個想法有那樣的特質，它們就必定屬於同一個單一的意識。如果那樣做，我就犯了一個錯誤；我就會荒唐地把不屬於我而屬於別人的疼痛、思維或者感知都歸到自己身上。所以，以我的觀點來理解的統一性不是從經驗得出的結論，而是經驗的先決條件。它的基礎超越了經驗可以確立的任

何事物。正如康德有時所稱的，意識的統一「先於」直覺的所有材料(《純粹理性批判》第1版，107)。

統覺的先驗統一為我們的觀點提供了最低限度的描述。我至少可以知道一件事：存在着意識的統一。懷疑這一點就等於不再有自我意識，也就等於不再從懷疑中尋找意義。我們的任務就在於說明，這個觀點只有在一個客觀的世界中才是可能的。

先驗演繹

客觀演繹跟它的前提一樣有着「先驗性」特徵。它要表明的是，它的結論的真理性不是從經驗中演繹出來的，而是在經驗的存在中預設的。統覺的先驗統一要想可能，條件是主體居於範疇所描述的這樣一種世界：這是一個客觀世界，其中的事物跟它們所看起來的可能不一樣。這個論點簡而言之就是：統覺的統一性描述了主體性的條件，在這種條件下，每個事物都是其所似並似其所是。但是，如果一個人沒有客觀真理的知識，他就不可能有主體性的觀點。所以他必須屬於一個事物的世界，這些事物可能不是它們看起來的樣子，並且獨立於他自己的視角而存在。

接近這個主旨的論點很難找到，並且重要的是，康德很不滿意「先驗演繹」，所以在第一部《批判》的第二版中將其推翻重寫，把重點從上面給出的主觀結論轉移到現在要討論的客觀演繹上來。即使這樣，

結果仍很含糊。因此又加入一段，題為「駁斥唯心論」，以使對客觀性的強調更具説服力。這段駁斥的要點是：通過説明「即使是在笛卡兒看來無可懷疑的內在經驗(Erfahrung)，也只有在外部經驗(對於客觀世界的經驗)的假定下才是可能的」(《純粹理性批判》第2版，275)，來表明「我們對外部事物不止有想像，還有經驗」。這個論點的風格比它的基本內容更加明顯。看來至少包含三個思想：

(1)識別經驗。經驗論者通常假定，僅僅通過觀察就可以知道經驗。但是，事實並非如此。我不觀察我的經驗，只觀察它的對象。因此，任何經驗的知識都必然涉及它的對象的知識。但是，只有當我把這個對象識別為連續的，我才能擁有關於它的知識。任何對象，只有同時具有未被觀察的時候也同樣存在的能力，它才具備時間上的連續性。它的存在因此是不依賴於我的感知的。

(2)藉助時間的識別。只有把經驗放置在時間中，我才能夠把經驗識別為我的。因此我必須把經驗歸於一個主體，這個主體在時間中存在，通過時間而持續。我的統一性要求我的連續性。然而要持續就要有實體性，事物只有同時處於因果關係中才可能是實體性的。只有當我的過去可以解釋我的未來時，我才能持續。否則，真實的持續與瞬間自我的無限序列就沒有區別了。如果我確實能意識到我的經驗，我由此就

可以得出結論：我屬於一個實體和原因這類範疇能被正確應用的世界，因為這些範疇被正確地應用於我。因此，自我意識的一個條件就是存在着我的經驗暗示給我的客觀秩序。

(3)時間中的排序。我有關於當下經驗的特殊知識。要了解我的經驗就要把它作為當下經驗來了解。這一點只有當我在經驗中區分了此時和彼刻時才有可能。所以在感知中固有着「時間秩序」，我要了解我自己，就必須知道這個秩序。但是只有當我能夠參考獨立的客體以及支配這些客體的規律時，我才能知道該秩序。只有到了那時，我才能把時間描述為經驗發生的一個維度，而不是一系列不相關的瞬間。時間的真實性在經驗中被預設，這種真實性又預設了一個客觀序列的真實性。只有通過參照那個序列，參照建構它的持續存在的客體，我才能識別我自己的感知。

這些思想在康德著作中都不如我的概述表達得那麼清晰。公平地講，先驗演繹從未能提供一個令人滿意的論證。它的所有說法都涉及從意識統一通過時間向主體同一的過渡。休謨指出，我們對客觀知識的一切主張都涉及從統一到同一的過渡；他還認為這一點永遠不會被證實為合理。康德沒有發現可以用來回答休謨的術語。不過，他的事業對後來很多的哲學家產生了吸引力，那些與先驗演繹中勾勒出來的相類似的論證在近些年又重新復興，尤其值得關注的是被維特根斯坦(Ludwig

Wittgenstein 1889–1951）復興。維特根斯坦在《哲學研究》中提出著名的「私人語言」論證，主張不存在不參照公共世界的關於經驗的知識。我能直接地、不受影響地認識我自己的經驗，但這只是因為我把從公共用法中獲得意義的概念應用到我的經驗身上。公共用法描述了一個實在，除我之外，其他人也能觀察到這個實在。我的語言的公共性保證了它的指稱客觀性。對很多人來說，維特根斯坦的論證似乎很有說服力，它同先驗演繹有着一樣的前提和結論。然而，它不依賴於時間的形而上學學說，而是依賴於指稱和意義學說。它沒有直接聲稱主體依賴於客體，而是表明，主體依賴於主體共同體，從而也就依賴於確立了共同參照系、可被公開觀察到的世界。

如果這是正確的，先驗演繹就具有重大意義。它確立了我的世界的客觀性，同時又並沒有採取我之外的視角。在《沉思集》裏，笛卡兒在證明外部世界的過程中，試圖通過確立一個無所不知的上帝的存在走到主體視角之外：世界於是就被證實為上帝(不從某個具體視角看待的)意識的對象。康德「先驗」方法的精髓在於它的自我中心論。我能夠問的所有問題都必然根據我自己的觀點來問；所以它們必然帶有我的視角，即「可能經驗」的視角的印記。這些問題的答案不是要在企圖上升到理性存在者的過程中去尋找，理性存在者不靠經驗就能認識，而是要在我自己的經驗

本身中，去尋找對於懷疑論質疑的回應。先驗方法在視角的先決條件中去發現每個哲學問題(問題必須是根據該視角提出的)的答案。

原則

康德認為每個範疇都與一個原則相對應，這個原則的真實性是在運用中被預設的。原則是範疇的「客觀應用規則」(《純粹理性批判》第1版，161；《純粹理性批判》第2版，200)。這些原則是先天真理，包含兩個方面。它們指出，如果我們真要去思考的話我們必須怎樣思考；在客觀方面，它們指出，如果世界是可理解的那麼世界必須是怎樣的。通過這些原則，範疇「為表象，從而也為本質先天規定了法則」(《純粹理性批判》第2版，163)。也就是說，它們規定着涉及日常世界和科學觀察的先天綜合真理。它們不是關於「物自體」的先天真理。對於不參照我們的感知來進行的世界，它們不提供關於這個世界的知識。先天綜合知識僅僅是針對「可以成為可能經驗之對象的事物」(《純粹理性批判》第2版，148)。在這個領域，原則陳述了客觀和必然的真理，因為範疇「必然地並且先天地與經驗的對象相關，其原因是只有通過範疇，經驗的對象才能被思考」(《純粹理性批判》第1版，110)。為「可能經驗的對象」所作的限制對康德哲學尤為重要，他反覆強調「在可能經驗的領域外不

存在先天綜合原則」（《純粹理性批判》第1版，248；
《純粹理性批判》第2版，305）。我們必須常常牢記的
是：康德希望承認先天知識，但也希望否認萊布尼茨
非觀察形而上學的可能性。

我有意集中討論實體和原因這兩個範疇。康德把
這些與第三個範疇，即共存性或者互相作用相聯繫。
這些概念曾是休謨懷疑論攻擊的主要對象。它們也是
萊布尼茨形而上學的關鍵所在，實體這個概念是他分
析的起點；「充足理由律」——康德把它與因果關係
相聯繫（《純粹理性批判》第1版，200-201；《純粹理
性批判》第2版，246）——是支配他的論證的原則。
康德對這些概念的探討引起了極大而持久的興趣。他
把它們置於客觀性問題的核心位置，並在分析過程中
表達了他認為甚麼是自然科學的形而上學基礎。他在
「經驗的類比」這一節中導出了相關的原則；就是在
這裏，康德給出了關於客觀知識本質的一些具有革命
性的提示。

康德將所有哲學思想劃分為四要素和三要素，這
讓人有些困惑。但是，在論及實體和因果關係的時
候，有一個特別的原因可以解釋，康德為甚麼堅持認
為應該有第三個基本的概念和它們相關；也就是說，
康德希望他的研究結果與牛頓三大定律相呼應。科
學的解釋依賴於方法原則：既然在科學探究中已被預
設，這些原則就不能再通過科學探究來證明。康德相

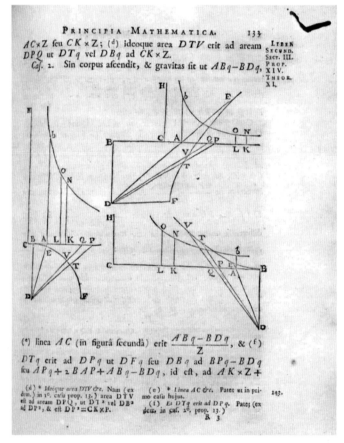

圖11　牛頓的《原理》：關於運動的數學

信，這樣的原則會被反映在基本的科學定律中；為這些原則得到承認提供基礎，這是形而上學的任務之一。

康德時代的物理學似乎先天地假設存在着普遍的因果關係，也存在着相互作用。當時的物理學假定，必須解釋的是物質經歷的變化而不是物質的存在；它還假定守恆定律是必要的，根據這一定律，在所有的變化中某個基本的量始終保持不變。康德認為，正是這些假設引導牛頓形成了他的運動定律。因此，在導出他的原則的過程中，康德便試圖確立「作為知性定律的普遍自然定律的有效性」（《未來形而上學引論》，74），並且進一步聲稱，新天文學的所有基本定律經過反思都可被視做建立在先天有效的原理之上（《未來形而上學引論》，83）。

支持牛頓力學的同時又抨擊休謨對因果關係的懷疑，這兩者混合在一起。康德試圖表明因果關係是必然的，不僅是在客體必然處於因果關係中(凡是事件都有原因)這層意義上，而且在它們自身就是一種必然聯繫這層意義上。

「經驗的類比」這一節包含了太多論點，這裏無法詳細解釋。與「分析論」的其他重要段落一樣，它們在第二版中都被大幅度重寫，對「原理」的實際表述也作了重大調整。但是有兩個論點，因為它們後來的重要性，應該被特別提出來。首先，康德認為，對變化的所有解釋都要求設定一種不變的實體，用來證

明科學中「守恆定律」這一基本定律的有效性。繼笛卡兒之後，他的論點為研究科學方法的本質提供了最重要的見解，並且沿着「科學統一性」的現代觀念邁出了清晰的一步。根據這個觀念的一種看法，在解釋每個變化的時候，都涉及一個單一的守恆定律，因此也涉及一種單一的物質(比如能量)，其轉化定律支配着整個自然界。

其次，康德在第二類比中維護了一個重要的形而上學觀點：「原因與結果的關係是使我們的經驗性判斷具有客觀有效性的條件。」(《純粹理性批判》第1版，202；《純粹理性批判》第2版，247)只是因為我們在現實世界能夠找到因果聯繫，所以能假定世界是客觀的。這是客觀性和持續性之間的聯繫帶來的結果：因為事物能持續，所以我能區分它的表象和實在。但是，只有當存在一根因果關係之線把事物的各個時間部分連接起來，事物才能持續。這張桌子現在之所以如其所是，是因為它過去如其所是。客觀性對於因果關係的依賴，與因果關係對實體的依賴相類似：我們的因果律能得到運用，只有以事物能持續這個假設為前提。「因果性導向行動這個概念，行動的概念又導向力的概念，力的概念又導向實體的概念。」(《純粹理性批判》第1版，204)這一點，我們能簡單總結如下：我們要探究事物實際上如何，只有通過找出它們看起來如何的原因；我們要發現原因，

只有通過假定存在一個包含持續事物的領域。

因此，關於一個獨立客體的思想涉及到關於因果性的思想，而在康德看來，因果性是一種必然性。因此，了解關於世界的真理即是了解必然性：了解甚麼是必然的，原本可能是甚麼。這個觀點與經驗論者的觀點根本衝突，經驗論者認為，自然中沒有必然性；也與那些現代理論相悖，現代理論認為，我們對現實形成基本看法時所牽涉的思維過程，比理解必然性和可能性時所牽涉的要簡單。

所有這些引人注目的觀點都產生於一種企圖，即企圖對物理世界的客觀性給出一種(可被稱為)充分「豐富」的表述。任何認真對待康德觀點的哲學家都會看到，把客觀秩序概念「降解」為單純的經驗概括是何等困難。所以，他會承認，不僅康德所批判的懷疑論令人難以置信，作為懷疑論開端的經驗主義認識論亦是如此。

結論

原理具有先天的有效性，但這只是就「可能經驗的客體」而言。經驗論者否認這樣的先天原理的可能性，這是錯誤的；但是他們假定我們對於世界的觀點在一定程度上是知識的組成部分，這卻是正確的。我們能先天地認識世界的前提是，世界有可能向我們的觀點呈現一個表象。想要超越這種觀點，不利用任何

可能的感知去認識「存在於自身」的世界，這是徒勞。因此，所有想要證明萊布尼茨充足理由律的企圖「都已落空，這是相關人士所公認的」（《純粹理性批判》第1版，783；《純粹理性批判》第2版，811）。但是康德認為，原理的「先驗」等價物是可以證明的：充足理由律因此成為了因果律，即經驗世界的任何事件都受因果關係的制約。這是一條先天真理，但只適用於「表象世界」，因此也只適用於時間中的事件。康德對這一點很自信，但是萊布尼茨哲學的許多追隨者認為，他們已經為充足理由律提供了證明——鮑姆嘉通就是其中的一位。另外鮑姆嘉通有個學生名叫埃伯哈德(J.A. Eberhard)，他試圖證明批判哲學不過是對萊布尼茨哲學體系的重新表述，充足理由律不僅對康德哲學來說是必要的，而且也是可以先天論證的。這是為數不多康德覺得有必要作出回應的、對《批判》的幾個批評之一(見出版於1790年的《論發現》中)。康德表明，「不與感知直覺相關聯」（《康德—埃伯哈德爭論》，133）是無法證明充足理由律的。他強調，純粹理性在概念範圍之外是無法對任何關於世界的實質性真理有所幫助的。他還認為，充足理由律只有通過他的「先驗」方法才能確立，這種方法把認識對象與認知者的能力關聯起來，只先天地證明那些決定經驗條件的定律。

萊布尼茨的追隨者們徒勞地試圖只在「純粹理

性」基礎上建立知識，這是「先驗辯證法」的論題。

沿着康德批判哲學的脈絡，我們能發現他所說的「先驗唯心論」到底是指甚麼，為甚麼他認為「先驗唯心論」能在經驗主義與理性主義之間找到中間道路。

第四章
幻相的邏輯

　　如果運用得當，知性會產生真實客觀的知識，但另一方面，知性也會誘人產生幻相。在對「純粹理性」的探究中，康德試圖診斷和批判的正是這種誘惑。他的論證再次同時擁有主觀面和客觀面。他描述了一種特別的能力，即不合常理地運用理性。另外，他推翻了該能力誘使我們提出的所有關於知識的主張。在「先驗辯證法」中，他研究的主題是理性主義形而上學。他將形而上學分為三個部分：第一部分是理性心理學，研究靈魂的本質；第二部分是宇宙論，研究宇宙的本質以及人類在宇宙中的地位；第三部分是神學，研究上帝的存在。進而康德聲稱，每一部分都按照各自的虛幻論證，朝着謬誤而不是真理展開。對這些錯誤的分析遵循一種普遍的模式。純粹理性試圖確立它被迫趨向的形而上學信條，但每一次努力都逾越了經驗的界限，以不受直覺能力約束的方式應用概念。因為只有結合概念和直覺才能形成判斷，所以這樣的努力無法產生知識。反之，脫離「經驗條件」的概念是空洞的。「純知性概念永遠不允許先驗的應

用，總是只允許經驗的應用。」（《純粹理性批判》第1版，246；《純粹理性批判》第2版，303）與此同時，既然概念自身含有這種「無約束」應用的傾向，知性便存在着一種不可避免的弊病：「純粹理論」奪取它的功能，範疇由知識工具轉變為幻覺，也即康德所稱的「理念」的工具。

在這裏，為了確切了解康德自認為在「分析論」中已經確立的東西，我們需要再次考察一下先驗唯心論。我們在康德的理論中發現了一個關鍵性的歧義，這種歧義持續出現於第二和第三部《批判》中。

表象與實在

康德經常將先驗唯心論描述成如下理論：我們只擁有「表象」的而非「自在之物」（或「物自體」）的先天知識。他的追隨者和批評者曾圍繞「物自體」展開激烈的爭論。孟德爾頌把它看做一個特殊的實體，所以表象是一種東西，物自體是另一種。受康德學生貝克的影響，其他人用「物自體」來指代一種描述方法，所描述的正是同一個對象，我們知道它是表象。康德支持第二種解釋，這在他與貝克的通信以及《實踐理性批判》中的很多段落得以體現。在一封寫給《純粹理性批判》主要追隨者的信中，康德說：「所有可以給予我們的客體都可以通過兩種方式概念化：一種是作為表象概念化；另一種是作為物自體概念

化。」（《康德哲學通信：1759–1799》，103頁注）。但是毋庸置疑的是，在這個問題上他並沒有給出任何定論，這導致了批判哲學的關鍵性歧義。

康德還聲稱，範疇可以應用於「現象」，但不能應用於「本體」。現象是「可能經驗的客體」，而本體是只有通過思考才能認識的對象，如果將它描述成經驗的對象，則毫無意義。人們很自然地將這兩個區別聯繫起來，假定康德相信表象或現象通過經驗可以認識，而物自體僅僅是本體，完全不可知，因為沒有甚麼能僅通過思考來認識。比如，康德說，「本體」這個概念只能否定性地用以指代人類認識的限度，而不能肯定性地指代自在存在之物。所以「將對象劃分為現象和本體，將世界劃分為感性世界和知性世界……從積極意義上來講是根本不能接受的」（《純粹理性批判》第1版，255；《純粹理性批判》第2版，311）。在此種情況下，「物自體」並非實體，而是一個術語，代表非觀察認識這個無法實現的理想。

「表象」表明了康德論述中的歧義性。這個術語有時被用做及物，有時是不及物的。在康德筆下，「表象」有時似乎是「屬於」事物的「表象」，它們的實在性是隱藏的。另一些時候，表象又似乎是獨立的實體，它們的名稱源於我們觀察並發現了它們的本質這個事實。在第二種意義上，「表象」一詞與我們的物理對象的觀念相對應。表象可以被觀察到，它

存在於空間中；它與其他表象和觀察它們的存在者建立了因果聯繫。表象受科學規律的支配，是或可能是發現的對象。它可能就像看起來那樣，也可能並不如此。它可以同時擁有次特徵（客體所擁有的僅與特定感官經驗相聯繫的特徵）和主特徵（屬於對象內在構成的特徵）（《純粹理性批判》第1版，28–29）。簡而言之，表象擁有物理對象的所有特徵。照此理解，認為表象也是屬於某物的表象，這肯定是前後不一致的。因為，根據康德自己的理論，被認為是表象之基礎的「某物」只能是「本體」，然而關於本體不可能作肯定的描述。尤其是，說本體引起表象或是與表象存在任何其他關係都是毫無意義的（或者至少是空洞的）。（康德的批評者，例如孟德爾頌和舒爾策 G.E. Schulze 就很快抓住這一點，並將其作為先驗哲學的主要弱點提出。）有時在康德筆下，每一個對象的確都似乎是某個「物自體」的表象，表象必須「基於現實」，現實本身不僅僅是表象。然而，由於這與他所提出的認識理論（該理論既不容他知道也不容他表達他想說的意思）不一致，我們暫時必須把物自體當成一種非實體。正如我們將看到的，存在着一些相反的理由使康德否認自己正式發表的理論。但是如果我們在此節點上優先接受這些理由以及從這些理由中產生的對立學說，討論就不可能繼續下去。

現象與本體

　　《純粹理性批判》的第一版含有對先驗唯心論的詳細闡釋。但是在第二版中被康德刪除了，可能是因為這加重了上述歧義性。康德還增加了「駁斥唯心論」一節（見44頁），旨在為客觀性提供正面的證據，同時也為被歸於貝克萊的「經驗唯心論」提供反證。經驗唯心論認為，「經驗」客體不是別的，正是知覺，若超出觀察者的經驗，科學世界的現實性就不復存在了。所有的經驗客體都變成了「理想」實在，在我們關於這些實體的概念之外沒有現實性。康德認為，與此相反，先驗唯心論是經驗實在論的一種形式：它暗示了經驗客體是實在的。

　　康德斷言先驗唯心論以經驗實在論為條件，這一點很難作出解釋。比如他辯稱，空間和時間都具有經驗的實在性，也具有先驗的觀念性（《純粹理性批判》第1版，28；《純粹理性批判》第2版，44）。這可能意味着，如果從經驗的角度觀察，我們便能認可空間和時間的實在性；而從先驗的角度來看，空間和時間便「甚麼也不是了」（《純粹理性批判》第1版，28；《純粹理性批判》第2版，44）。然而，正如康德所承認的，先驗觀點這一概念極具爭議。這不是我們所能採取的觀點，因此對它我們也無法獲得肯定概念。康德理論簡單來說有如下幾點：經驗客體是實在的，而先驗客體是觀念的。先驗客體不可感知，並且不屬於

空間、時間和因果性的世界。萊布尼茨的「單子」就是這種客體，因而必須總是存在於想念它的心靈中的純觀念，沒有獨立的實在性。但是，何為經驗客體呢？答案明顯是，「任何通過經驗被發現或被設定的客體」。

以上陳述的是一種形而上學的觀點，與康德的認識理論完全符合。總之，我們在描述經驗對象和先驗對象的差別時，是描述為存在的對象與不存在的對象之間的差別，還是描述為可知的對象與不可知的對象之間的差別，都無關緊要。因為，借用維特根斯坦的話來說，「不可言說的就不要說」。於是，經驗客體與先驗客體之間的區別似乎又與現象與本體之間的區別一致？前者是可知的，後者是不可知的，因為本體的概念只能被否定地運用，以劃分經驗的限度。所有的本體都是先驗客體，而所有先驗客體都僅僅是「可理解的」（即通過經驗不可認識），因而都是本體。所以，以下三組區別看來是一致的：現象和本體，經驗客體和先驗客體，表象和物自體。在對萊布尼茨的長篇討論，即從「分析論」到「辯證論」的過渡段落中，這一點實際上就是康德所要說的(特別是在《純粹理性批判》第1版，288-289；《純粹理性批判》第2版，344-346)。很多學者不接受這種解釋，但是在我看來，如果我們不接受，康德就顯得過於前後不一，這與他的睿智不符。

所以，發現貫穿於康德「表象」概念的歧義性也出現於他的「現象」概念中，這一點並不讓人感到奇怪。「現象」一詞有兩種解釋，有時可以用來指代獨立於觀察者而存在的實在的可感知客體，有時也可以用來指代一種心理「表徵」（或用現在的話說，「意向客體」）。在後一種解釋中，現象成了主觀的（它是其所似，又似其所是）。確立它的存在就無法保證它的客觀性。如此一來，康德的立場（即我們可以認識現象）和他所駁斥的經驗唯心論之間就不存在大的區別了。與經驗唯心論者相比，就連萊布尼茨也容許我們的「觀點」中存在更多的客觀性，因為他引入了「有充分根據的現象」這一概念（見24頁），根據這個概念，表象的穩定性足以保證存在與似在之間的區別。萊布尼茨研究「現象世界」的方法肯定對康德產生了影響，也許比康德願意承認的更多。但是他希望在確立表象世界的客觀性的道路上走得更遠，而不是止步於此。

　　從所有這些我們可以清楚地看出，對「現象」、「表象」和「經驗對象」的唯一可接受的解釋是，它們都在物理世界中有所指。表象包括桌子、椅子和其他類似的可見之物；也包括只能通過它們的結果如原子（《純粹理性批判》第1版，442；《純粹理性批判》第2版，470）和最遙遠的星星（《純粹理性批判》第1版，496；《純粹理性批判》第2版，524）才能觀察的

實體。這些「理論的」實體也擁有實在性，這種實在性來自空間和時間中的存在，以及由範疇所規定的秩序。它們與認識它們的心智結成特定的因果關係，所以它們也是可感知的。換句話說，任何科學研究的對象都是「現象」，所有的現象原則上都是可知的。但除此之外其他東西都是不可知的。「除了感知和經驗從該感知推進到(即科學推理)其他可能的感知之外，沒有甚麼被真正給予了我們。」(《純粹理性批判》第1版，493；《純粹理性批判》第2版，521)至於本體的觀念，它「不是客體的概念」，而是一個「與我們感性的限度不可避免地息息相關的問題」(《純粹理性批判》第1版，287；《純粹理性批判》第2版，344)。

絕對者

康德在「辯證論」中意圖表明，我們無法認識「如其所是的世界」，意即被視為與認知者的觀察無關的世界。如康德所言，我們不可追求「絕對」知識。同時，似乎不可避免的是，我們又應當這麼做。每一次通過論證確立某物時，我們都假設了前提的真理性。因此，前提描述了結論為真的「條件」。但是這一條件是否具有真理性呢？這也必須通過論證來確認，並且結論總是，它只有「有條件的」真理性。所以理性(在推理的偽裝下)不可避免地會引導我們尋求「絕對」，即其真理性並非來自任何其他根源的最終

前提。理性的這個「觀念」包含所有形而上學幻相的來源。因為，我們可以合理宣稱的所有知識都從屬於可能經驗的「條件」。渴求關於絕對者的知識就相當於渴求超越使知識成為可能的那些條件。

康德認為，超越的努力是不可避免的。我們不僅尋求超越包含於經驗可能性中的那些條件，而且渴望認識「如其所是的」世界，這個世界不受制於實體和原因之類的範疇可能讓它從屬的條件。事實上，這些努力毫無二致，因為正如「分析論」所指出的，這兩組條件是一樣的。在任一情形下，理性對「絕對者」的趨近都是對未被觀察角度所影響的知識的追求。理性總是努力不預設任何角度去看待世界，正如萊布尼茨所做的。

「純粹理性」

從康德的認識論出發，理性必須被看做最高的認知能力，所有具有自我認識特徵的能力都應歸於理性。除了用於知性(形成判斷)，理性還能合理地以另外兩種進一步的方式應用：一種是用於實踐，另一種是用於推理。實踐理性不能被視為知性的分支，因為它不形成判斷(不論斷真與假)。但是，實踐理性的應用是合理的：我可以理性地思考去做甚麼，而且我的行動可以是這個過程的合理結果。作為使一項判斷導出邏輯結論的實踐，推理也是合理的。但是與知性不

圖12　康德一隻手搭在星象儀上，思考道德律

同，推理並不應用任何屬於自己的概念(因為推理似乎給前提「添加一個概念」，因而是無效的)。

只有當純粹理性融入了我們的思想時，「幻相的邏輯」才開始迷惑我們。純粹理性力圖用去除了所有經驗條件的「理念」而非「概念」作出屬於自己的判斷，這個事實使純粹理性獨具特色。幻相的邏輯是「辯證的」：它肯定不可避免地導向謬誤和自相矛盾。這種謬誤傾向不是偶然的，而是固有的。理性無法從「理念」着手去認識世界，並且避免那些等在路上的錯誤。只要我們一離開可知的經驗領域，踏上尋找遙遠的「絕對」世界的征程，就已經犯了這些錯誤。與此同時，我們也無法拒絕誘惑，必定會踏上追求先驗世界這徒勞的旅程。正是因為我們擁有的關於世界的觀點，才創造了不從感官經驗來看待的世界的「理念」。因此，我們總是致力於「為知性的有條件認識找到絕對性，藉此使有條件者的統一得以完成」(《純粹理性批判》第1版，307；《純粹理性批判》第2版，364)。

純粹理性與形而上學

康德對思辨形而上學的主題進行了重要的三重劃分，這一點我已提請讀者注意。在「先驗心理學」中，理性產生了自己的靈魂學說；在理性宇宙論中，理性嘗試描述「絕對總體」這一形式的世界；在神學

中，理性創造了一個統治先驗世界的完美存在者的理念。康德將這種劃分附會於傳統觀念，「形而上學真正的研究對象僅有三個理念：上帝、自由和永生」（《純粹理性批判》第2版，395頁注）。自由的理念歸於宇宙論，因為所有由該理念而生的形而上學問題都根源於一種信念，即存在着一種道德主體，它同時存在於自然界之中及之外。這是康德最重要的理論之一。但是我會將它留到下一章討論。

宇宙論

宇宙論的幻相被稱為「二律背反」。二律背反是一種特殊的謬論，我們可以在同一個前提下推出一個命題和它的反命題。在康德看來，二律背反不是真正的矛盾，因為構成二律背反的兩個命題都基於錯誤假設，因而都是假的。他將「這種對立命名為辯證的，將矛盾命名為分析的」（《純粹理性批判》第1版，504；《純粹理性批判》第2版，532）。關於為何一個命題和它的反命題都是錯誤的，康德提供了各種迂迴曲折的解釋。也許沒有必要被這種令人費解的邏輯所羈絆。康德所言的重點在於，在推出二律背反的每一命題時，必須作出同樣的虛假假設。他的「批判」目的就在於根除這種假設，並表明這根源於應用了理性的一個「觀念」。宇宙論中所涉及的假設是，我們可以思考「絕對全體」這一形式的世界。要實現這一

點，就要超越「可能經驗」的視角，並且努力從自然以外的視角將自然作為一個整體來看。這一理念的虛幻性顯見於以下事實：從這種先驗視角的前提，將導出「辯證的」矛盾。

舉例而言，假設我允許自己接受整體自然界這一觀念，這個自然界存在於空間和時間中。如果我現在試圖把這種觀點應用於判斷，就必須超越我的經驗視角，以把握所有經驗對象的總體。我必須試著獨立於我在自然中的特定視角來設想自然的整體。如果能做到這一點，我就可以問自己：這個總體在空間和時間上是有限的還是無限的？它有沒有界限？我發現自己能同樣證明它們的正反兩個答案。例如，我可以證明世界在時間上肯定有一個開端(否則，一個無限的事件序列肯定已經流逝了，而康德認為「完結了的無限」是個荒謬的觀念)。同樣我也可以證明世界在時間上必然沒有開端(如果有開端，就得有理由表明它在開始時為何會開始，這也就等於荒謬地假設特定的時間擁有因果性質或是「自現」的能力，並獨立於佔據那個時間點的事件之外)。

假設作為整體的世界對自身的存在有所解釋，這也會導出類似的矛盾。從這個假設出發，我可以證明世界在因果性方面自我依賴，由一條把每一時刻與前一時刻連接起來的無限的因果之鏈組成。由於鏈條開端這一觀念——「第一因」的觀念——是荒謬的，於

是自然引出了「是甚麼導致了開端」的問題，而這個問題沒有連貫的答案。同樣我也可以證明世界的原因依附於他物，其存在從某種自身就是「自我的使因」或自因的存在中派生。因為如果沒有這樣的存在，自然序列中就沒有原因可以解釋其作用的存在。在此情況下，自然中任何東西都沒有解釋，而且也不可能說任何東西為何存在。

這類二律背反的根源在於試圖超越經驗視角而達到絕對有利的一點，從這一點能概觀事物的總體（進而概觀「自在存在」的世界）。如果我們假設自然是物自體，即如果我們從自然的概念中排除自然借以被觀察的任何可能經驗的參照因素，二律背反的證明便有牢靠的根基。「然而，由如此得出的命題所引起的對立表明，這個假設中存在謬誤，進而使我們發現了作為感官對象之事物的真正組成。」（《純粹理性批判》第1版，507；《純粹理性批判》第2版，537）「絕對總體」的理念只適用於「物自體」（《純粹理性批判》第1版，506；《純粹理性批判》第2版，534），也就是說，不適用於任何可認識的事物。例如原因這一概念，它可以應用於經驗對象的領域中來指明對象之間的關係，但是當它超出該領域應用於作為整體的世界時，就變得空洞了。於是，它便被應用於保證其正當性的經驗條件之外，因而不可避免地造成了矛盾。

雖然如此，康德認為這些二律背反不應一經發現

即被拋棄，當做錯誤來輕易排除。生成二律背反的那個總體之假設對於科學中一切最嚴肅的內容來說，既是原因，也是結果。設想一下我們準備接受關於宇宙起源的「大爆炸」假設。只有鼠目寸光的人才會覺得我們就此回答了世界如何開始的問題。又是甚麼導致了大爆炸？不管答案如何，都預設了某種東西已經存在。所以，這個假設不能解釋事物的起源。對起源的探索將我們帶入了無盡的過去。但是結果只有兩種可能：或者不能令人滿意(在這種情況下，宇宙論如何解釋世界的存在呢？)，或它最終走向自因的假設(若是如此，我們就留下了未回答的科學問題而在神學中尋找避難所)。科學本身通過把我們逼向自然的極限而將我們推向二律背反。但是如果不能同時超越這些極限，我又如何能認識它們？

康德詳細分析了二律背反，認為兩個方面總是分別與理性主義和經驗主義相對應。於是他借機再次探究了那些哲學理論中的各種錯誤。因此而生的論述異常複雜，所引起的哲學評論並不少於第一部《批判》中任何內容所引起的。康德對體系的鍾愛促使他將意義與性質全然不同的論點結合在一起。但是在大量的推理背後，是出自一個哲學家筆下、有關科學方法的最敏銳的論述。康德的論述啟發了如黑格爾和愛因斯坦那般的各種思想者，並且極少有人不困惑於康德所揭示的問題。我如何能夠將世界作為總體來看待？如

果我不能，又如何解釋？如果不能解釋一切事物的存在，我又如何能解釋任何一個事物的存在？如果永遠囿於自己的觀點，我如何能洞穿大自然的神秘？

神學

我已經討論了康德的第一個和第四個二律背反。後者將我們引入神學，並且引入康德隨後的一個意見：自因的理念本身是空洞的，將其應用於判斷只會產生矛盾。在「理性的目標」這一章中，康德回顧了關於上帝存在的傳統論斷，並給它們進行了一個現已廣為人知的分類。他說，關於上帝的存在僅有三種論斷：「宇宙論的」、「本體論的」和「物理神學的」。第一種包括了所有如下論斷：它們從一些有關世界的偶然事實以及「為何會如此？」這樣的問題出發，假定必然有一個存在者。其中一個版本就是之前所討論的「第一因」論斷：僅當一系列的原因始於一個自因，任何偶然的事實才能最終得以解釋。第二種包括為了脫開偶然基礎(因為它們可能是錯誤的，可能會遭到質疑)，而嘗試從上帝的概念來證明上帝存在的所有論斷。第三種論斷包括所有來自「設計」的論斷，它們以自然中的美好事物為前提，通過類比其原因的完美性來進行論證。

康德認為來自設計的論斷「總是值得畢恭畢敬地提及。它最古老、最清楚、最能與人類理性共鳴。它

使對自然的研究活躍起來，正如它本身也是從自然中推出自己的存在並不斷從中獲取新鮮力量」（《純粹理性批判》第1版，623；《純粹理性批判》第2版，651）。在第三部《批判》中他對這個論斷為何吸引他作了更詳盡的解釋。康德不是無神論者，休謨的遺著《自然宗教對話》讓他深感不安。《自然宗教對話》德文版的出版正當這部《批判》行將付印之時。康德曾對休謨的動機感到奇怪，但沒有考慮他的論斷（《純粹理性批判》第1版，745，《純粹理性批判》第2版，773）。休謨預示了康德自己對於理性神學的批判。但是他尤其鄙視源於設計的論斷，認為它要麼不能證明任何東西（因為在自然的完美與藝術的完美之間不存在真正的類比），要麼充其量證明了一個並不比他創造的世界更完美的存在。康德對於源自設計的論斷也不滿意。然而，雖然他將該論斷視為無效，但同時又認為它表達了一個真正的預感。所以他嘗試從第三而非第一部《批判》的角度出發，為此論斷提供全新的闡釋。

源自設計的論斷被視為一種理智的證據，它永遠不可能比它所依賴的宇宙論的證據更加令人信服（《純粹理性批判》第1版，630；《純粹理性批判》第2版，658）。因為，只有基於世界擁有解釋這個假設，世界才能歸因於它。除非宇宙論的證據是有效的，否則這個假設就無足輕重。我們必須表明，我們可以超出自然之外，以假設存在一個超驗的、必然的存在者。一

切事物的秩序都基於這個存在者。這樣一個存在者必定以自身為動因，而且他的存在不能僅僅是偶然的事實，因為若真是偶然，他便成了自然事件之鏈中的一環，而不是對這些事件的解釋。一事物，只有當它的概念暗含着它的存在時，該事物才會必然存在。上帝的存在必須從上帝的概念導出，因為只有通過邏輯聯繫，概念才能解釋任何東西。所以，所有三個論斷最終都歸結為本體論的論斷，告訴我們上帝必須存在，因為存在屬於上帝這個概念本身。

以其傳統的形式，本體論論斷不僅證明了上帝的存在，而且證明了上帝的完美。其他兩個論斷似乎都無法證明上帝的絕對完美：它們仍須依賴本體論論斷提供宗教情感的理智基礎。本體論論斷如此展開：上帝是一個完美無缺的存在者；此完美必須涵蓋了善、力量和自由；但是也必須涵蓋存在。一個存在的x的概念是比 x 更完美的某物的概念，取消了存在也就取消了完美；所以存在即完美；所以從上帝作為完美無缺的存在者的理念，必然得出上帝是存在的。

康德對於本體論論斷的反駁由於預示了現代邏輯理論而頗為人知，這種理論認為存在不是謂項。（當我說約翰存在、約翰是禿頭、約翰吃牡蠣時，我賦予他兩個屬性而非三個。）萊布尼茨在討論偶然性的時候已經認識到，存在與普通謂項大相徑庭。雖然如此，他還是接受了本體論論斷，並且沒有看到這給他的哲學

所帶來的邏輯結論。說 x 存在並不能為它的概念增加任何東西：只是表明這個概念有相應的例證。確實，將存在引入某事物的概念已經含有一個謬論（康德甚至稱之為矛盾）（《純粹理性批判》第1版，597；《純粹理性批判》第2版，625）。因為如此一來，斷言該事物存在便成了空談。這種斷言對於從概念到現實沒有任何促進作用，因此它沒有確認任何事物的存在。本體論論斷聲稱存在即完美。但是它不可能成為完美，因為它並非一種屬性。康德認為，如果該論斷是有效的，接下來必然推出，上帝存在這個判斷表達了一種分析真理。然而，存在並非謂項這一理論意味着，所有存在命題都是綜合的（《純粹理性批判》第1版，598；《純粹理性批判》第2版，626）。

理性觀念的調節性運用

　　對「幻相的邏輯」進行批判之後，康德繼續用相當長的篇幅，並且用一個已完成智力勞動的作家所常有的輕鬆而開朗的風格，繼續論證說畢竟存在着對理性觀念的合理運用。諸如絕對總體和必然存在的完美創造者這樣的觀念，若着眼於它們的「構成性」角色，即把它們視為對現實的描述時，便產生了幻相。然而，正確方法是把它們視為「調節性原則」（《純粹理性批判》第1版，644；《純粹理性批判》第2版，672）。如果我們假定這些觀念符合實在，那麼我們便

會被引導去形成真正的假設。例如，秩序和總體的理念引導我們提出日益寬泛、簡單的規律。就此而言，經驗世界變得愈加容易理解。對理性的這種「調節性」運用是基於經驗觀點之內的應用。構成性運用則試圖超越這個觀點，進入理性的幻覺領域。這種矛盾不是根源於觀念本身(觀念本身並不矛盾，而僅僅是空洞的)，而是出自對它們的錯誤應用。康德有時通過強調理性諸觀念的調節性功能，把它們稱做理想。

於是，「至高無上的存在者的理想無非是理性的一種調節性原則，指引我們將世界上所有的聯繫看成是源自一個完全充足的必要原因」(《純粹理性批判》第1版，619；《純粹理性批判》第2版，647)。這樣看來，它就是知識而非幻相的來源。它所產生的知識仍然受限於可能經驗的條件：換言之，它與範疇相符，而且沒有超越範疇的合法領域而進入超驗領域。觀念「並沒有告訴我們對象是如何組成的，而是表明我們應如何在理念的指導下尋求確定經驗對象的構成和聯繫」(《純粹理性批判》第1版，671；《純粹理性批判》第2版，699)。於是，理性從徒勞的思索被拉回到經驗的世界，將形而上學的幻相替換為經驗科學的實在性。

靈魂

康德關於靈魂以及「自我」概念(靈魂正是在此概

念中得到了初步的描述)的論述是他的哲學中最微妙的部分之一。給出的描述包含於兩個複雜的論證：第一個在「辯證論」開始的時候，康德在此抨擊了關於靈魂的理性主義學說；第二個在第三條二律背反以及《實踐理性批判》中，他在其中論述了道德的本質。

探究理性主義之靈魂學説的「純粹理性的謬誤推理」那一部分在第二版中進行了重大修改。這也許是因為批判哲學的這個方面形成了先驗演繹之多方面論斷的一部分，對於這個部分康德極不滿意。康德在「分析論」中的論斷始於對自我意識之獨特實在性的承認。我對於自己的思想狀態有特有的認識，而這就是一種「原始的」或是「先驗的」知性行為。理性主義者曾試圖從這個特有認識中演繹出一種具體的知識對象理論。他們認為，鑑於自我意識的直接性，自我必須是意識真正的對象。在自我意識行為中，呈現在我面前的是有意識的「我」。我能夠保有這種自我意識，即使在懷疑所有其他的事物時。此外，我必然意識到自己的統一。最後，我能直觀地感覺到我在時間上的連續性：這不可能產生於對我身體的觀察或是任何其他外部的來源。因此，得出以下結論似乎是自然的：僅僅基於自我意識這一點，我就知道自己有實體性、不可分割、持續存在，甚至可能不朽。康德認為這就是笛卡兒的論點。這個結論卻也不是「笛卡兒式」意識觀的古怪論調。正如所有理性的幻相，它是

我們一開始反映面前的材料就被誘入的。每一個理性的存在都必然被引誘，認為自我意識那獨特的直接性和不可違背性保證了它的內容。在每一次懷疑中，也許我仍然知道這是我，而且理性使我確信，對自己本質的這種諳熟為對靈魂之非物質性的確信提供了基礎。此外，我無法設想自己的不存在，因為每一次嘗試這般設想都要求「我」作為設想者。

這種推理是錯誤的，因為它從統覺純粹形式的統一移向了靈魂學說所確證的實質統一。「作為範疇基礎的意識的統一……將主體的直覺誤認做對象，並且將實體的範疇應用於它。」（《純粹理性批判》第2版，421）雖然統覺的先驗統一使我確信，我當前的意識具有統一性，但是關於承載意識的東西，它沒有告訴我任何其他內容。它沒有告訴我，我是一個與「偶然」或屬性相對的實體(即一個獨立存在的客體)。(例如，它沒有駁斥思想是身體的一種複雜屬性這一觀點。)「借由簡單的自我意識來決定我存在的方式，不管這種存在是作為實體還是作為偶然，都是完全不可能的。」（《純粹理性批判》第2版，420）如果我無法推斷出我是一個實體，那我就同樣無法推斷出我是不可分的、不滅的或是不朽的。意識的統一甚至不能讓我確信，在經驗世界中存在着「我」這個詞能應用於其上的事物。因為，歸納在統覺的先驗統一概念下的自我意識的獨特特徵，僅僅是關於世界的「觀點」的

特徵。藉此描述的「我」並非世界的一部分，而是對世界的一種觀察(事物顯現的一種方式)。「因為這個我並非概念，而只是對內在感覺的對象的標示，因為我們對它的認識並不經由任何進一步的謂項。」(《未來形而上學引論》，98)於是，研究我們自我意識的特性就不等於研究世界之中的任何物項，而是在探索經驗知識的極限點。「範疇的主體不可能通過思考範疇而獲得自己作為範疇之對象的概念。」(《純粹理性批判》第2版，422)就我而言，把「我」變成意識的對象，這就和觀察我自己視野的極限一樣不可能實現。「我」是對我的觀察的表達，但是並不指示其中的任何物項。作相反的假設則相當於不合理地從主體過渡到了客體；這就等於假設，作為主體，意識的主體同樣能成為自己意識的對象。

康德得出如下結論：在「先驗心理學」的前提——統覺的先驗統一，和它的結論——靈魂的實體性之間存在着斷裂。由於前者描述對於世界的觀點，後者描述世界中的物項，理性不可能引領我們有效地從這一個走向另一個。無論正確與否，康德的建議為很多關於自我的後繼哲學理論，從叔本華(Schopenhauer)到胡塞爾(Husserl)、海德格爾(Heidegger)和維特根斯坦，提供了基石。

有時康德會暗示，自我意識的「我」指的是一個先驗的對象。因為看起來似乎是，在證明了「我」並

非經驗世界的一部分後，康德為我們提供了理由，把「我」視為存在於經驗之外的物自體的世界。這不是康德之論點的合理結論，相反，這是對康德企圖用「我」來揭示的謬誤的又一次更微妙的重申。然而，這是康德傾向於贊同的結論，因為他認為缺少了這個結論道德將不可能。康德對實證的靈魂學說的尋求，並非通過純粹理性，而是通過實踐理性（《純粹理性批判》第2版，430–431）。為了理解這個學說，我們必須探究他對理性主體之道德生活的描述。

第五章
絕對律令

在《實踐理性批判》之前，康德先出版了《道德形而上學的基礎》，對自己的道德進行了出色的概括。這兩部著作研究的是「實踐理性」：運用這種說法，康德有意識地重申古代關於理論知識和實踐知識的區分。所有理性的存在者都能認識到了解真理和運用真理之間的區別。判斷和決定都可以基於理性，並且通過理性來改進，但是只有判斷才能為真或為假。所以，必須存在着一種方式來運用我們的理性能力，這種運用的目標不是真理而是其他的東西。這個其他的東西是甚麼？亞里士多德認為是幸福，而康德認為是義務。正是在分析義務觀念的過程中，康德那獨特的道德觀得到了表達。

假定我們確立判斷的客觀性，並且為那些作為發現過程之基礎的科學準則提供了必要的形而上學基礎。然而，仍然存在客觀性的另一個問題，這是由實踐知識而非理論知識提出的。我們能客觀地知道該做甚麼嗎？或者我們必須僅僅依賴我們的主觀傾向來指引自己嗎？康德要解決的正是這個問題，通過解決這

個問題康德為共同的道德直觀提供了有史以來最形而上的、最抽象的基礎。

自由的二律背反

康德的倫理學始於自由的概念。根據他著名的格言——「理應即能夠」，正確的行為必須總是可能的。也就是說，我必須總是可以自由地去踐行。道德行動者「判斷他能夠做某一件事情是因為他意識到自己應該這麼做，並且他認識到自己是自由的。如果不是有道德律，他永遠也不會知道這個事實」（《實踐理性批判》，30）。換言之，道德實踐將自由的理念強加於我們。但是康德認為，從理論的角度來看，這個理念包含着一個矛盾。在第一部《批判》的第三個二律背反中，康德揭示了這個矛盾。發生在自然秩序中的每一個變化都有原因：這是分析論的「既定原則」，而且「無一例外」（《純粹理性批判》第1版，536；《純粹理性批判》第2版，564）。若果真如此，自然界中的每個事件就都受制於不可避免的必然性之鏈。與此同時，我視自己為我的行為的發起者，在不受外力約束的情況下，同時導致那些行為的發生。如果我的行為是自然的一部分，這似乎與自然中的每個事件都受制於因果必然性這一觀點相悖。反之，如果不是自然的一部分，我的行為就處於因果聯繫之外，而我的意志也就不是自然世界任何事件的發起者。

如果我真的是自由的，那麼這裏只有一項矛盾。有時康德僅滿足於聲稱，我必須設想自己是自由的。對於世界上所有的行為以至於理性的決定來說，一個先決條件是，主體是自己行為的發起者。而且，康德還提出，如果擯棄這種理念，我就會喪失自己作為主體的感覺。認為世界受制於必然性之鏈，這種理性視角同樣認為世界是擁有自由的。康德偶爾會更進一步，主張實踐理性是「首要的」（《實踐理性批判》，120–121），意思是所有的思想都是對自由的應用，所以，如果實踐理性不可能，我們就無法連貫地思考。在此情況下，我的自由的確定性就與任何事物的確定性同樣顯著。（在薩特 J-P. Sartre 的作品中，這個論斷也出現了，只是多了些修辭。薩特有關道德生活的存在主義理論在很大程度上來自於康德。）如果這是真的，自由的二律背反就會變得尖銳起來。因為我們受實踐理性所迫必須承認我們是自由的，但是出於理性我們必須否認這一點。

康德覺得這個二律背反必定存在解決之道，因為在實踐領域，應用理性是合理的。實際上，正是實踐理性告訴了我我是甚麼。純粹理性走向自我矛盾的虛幻進程不應該阻止實踐理性，二律背反必定能通過實踐理性得到解決。純粹理性對世界的解釋似乎留有一個「空缺」，道德主體應該處於這個空缺中。「純粹實踐理性已經利用純概念世界中一種明確的

因果定律，即道德律填補了這個空缺。」（《實踐理性批判》，49）這個全新的「因果定律」被稱做「先驗自由」，它規定了道德主體的條件。這條定律僅適用於自然領域（經驗領域）。然而，自由不屬於自然，而恰恰屬於因果關係等範疇無法適用的「純概念的」或是先驗的領域。我存在於自然的世界中，正如存在於諸表象之中的一個「表象」。但是我也作為「物自體」存在，受到實踐理性規律而非因果關係的束縛。這並不意味着我是兩種東西，而是從兩種截然相反的角度理解的同一物。因此，「認為表象之物（屬於感覺世界）從屬於某些定律，而這同一物作為物自體又獨立於這些定律，這麼說毫無矛盾之處」。此外，道德主體必須總是「以這個兩重性理解和考慮自己」（《道德形而上學的基礎》，453）於是，自由就是一個並未應用於經驗世界的先驗「理念」。而且，得知我們是自由的，我們就可以知道我們是自然的一部分，也是先驗世界的成員。

先驗自我

　　先驗自由理論既令人費解又十分吸引人。它的魅力在於有望進入先驗世界，它費解的一面來自康德之前提出的證明：這種進入是不可能的。根據康德自己的論斷，關於先驗世界，我們無事可知，也說不出有意義的東西。康德認識到這個難點，而且承認「要求

一個人以自由的主體這一身份把自己當做本體，同時又從物理自然界的視角把自己看成自己的經驗意識中的現象」，這是「自相矛盾的」（《實踐理性批判》，6）。他甚至進一步聲稱，儘管我們不能理解道德自由的事實，「我們卻能理解它的不可理解性，公允地說，對於一種試圖將它的原則推至人類理性極限的哲學來說，我們也只能要求這些」（《道德形而上學的基礎》，463）。

如果把實踐理性的基礎——「先驗自由」，與自然知識的基礎——「統覺的先驗統一」聯繫在一起，我們就能進一步解釋康德的理論。我們觀察世界的角度包括兩個不同的方面，而且不管是意識的統一還是先驗自由，都不能從我們關於經驗世界的知識中推斷出來。但是兩者都獲得了先天的保證，從而成為我們所擁有的知識的先決條件。前者是我們關於真理的所有知識的出發點，後者是所有慎思的出發點。說它們是先驗的，並非是從它們包含先驗對象的知識這個肯定方面來講，而是從它們被對我們理性力量的合理運用所預先假設這個否定方面來講。所以，它們處於可知事物的極限上。作為觀察經驗世界的角度，自由不可能成為經驗世界的一部分。因此，關於我們自身的自由的知識成為了「統覺」的一部分，統覺規定着我們的視角。（此解釋的根據見於第一部《批判》，特別是第1版546–547，第2版574–575。）

純粹理性試圖通過概念來了解先驗世界。換言之，它試圖形成積極的本體概念。這種嘗試注定是要失敗的。然而，實踐理性並不在乎真理的發現，它不強加任何概念於它的對象。因此，它永遠也不會將我們帶入謬誤，形成先驗自我的積極概念。我們只是通過運用自由在實踐上認識這個自我。我們無法將這種知識轉化為關於我們本質的判斷，但我們可以將它轉化為其他東西。這所謂的其他東西就是根據實踐理性的規律得出的，這些規律就是關於行動的先天綜合原理。正如存在着可以從意識的統一中導出的關於自然的先天規律，也存在着可以從先驗自由的視角導出的關於理性的先天規律。這些不會是關於真假的規律，它們不存在描述、預測和解釋。它們將是關於做甚麼的實踐規律。自由主體在所有實踐推理中受制於它們，因為接受它們是自由的預設條件，而如果沒有自由，實踐理性將無法實現。先驗自我是一種視角，或是一種特殊的本體——的確，康德一直在這兩種觀點間搖擺不定。他甚至嘗試通過實踐理性來恢復那些關於上帝、靈魂和不朽的結論，這些結論在之前已被他斥為純粹理性的幻相。暫時我不想跟隨康德進入這些神秘的領域。但是讀者們應該記住，我只是延遲討論康德的倫理學說所引發的深奧的形而上學問題。

實踐理性問題

康德關於自由的理念，放到它想要解決的問題的語境下會變得更加清楚。理性的存在者不僅是作為自我意識的知識中心存在，同時也作為主體存在。他們的理性並不疏離於他們的主體性，而是形成了其中的一部分。也就是說，對於一個理性的存在者，不僅存在着行動，而且存在着關於行動的問題(問題就是「我應該做甚麼？」)，而這個問題需要一個合理的答案。我的合理性表現於一個事實，即我的一些行動是故意而為的(用康德的話來解釋就是，它們來自我的「意志」)。對於所有這樣的行動，都可以問這個問題：為甚麼那樣做？這個問題並非尋求原因或解釋，而是在尋求理由。假設有人問我為甚麼在街上打一位老人，若答「因為我大腦的電脈沖促使肌肉收縮，進而導致我的手觸碰了他的頭」，這個回答會顯得荒謬且答非所問，不管它作為一種因果解釋有多精確。若答「因為他惹惱了我」，也許顯得不夠充分，因為沒有給出很好的理由，但卻一點也不荒謬。理由是用來使行動合理化，而不是主要用來解釋行動的。它們指向行動的根據，那是一個主體決定做甚麼的基礎。

實踐理性或關心目標，或關心手段。如果我頭腦中有一個目的，我可能會審慎考慮運用手段來實現這個目的。所有的哲學家都認同這種推理的存在，但是很多哲學家覺得，它並沒有顯示對理性能力特殊的

「實踐」運用。這僅僅是付諸應用的理論理性。康德本人也同意這個觀點。他認為「技術準則」（如何尋求達到目的的手段）僅僅是理論原則（《實踐理性批判》，25–26）。懷疑論哲學家對此有更深入的探討。例如休謨認為，在實踐問題上理性沒有其他作用。所有的推理都關心手段。理性不能產生我們活動的目的，也不能證明目的的合理性，因為用休謨的話來說，「理性是而且只應該是激情的奴隸」。我們的目的正是來自於「激情」，因為只有激情才能為行動提供最終的動力。僅當我們已經受到激勵而決定遵從理性時，理性才能勸服我們採取行動。如果是這樣，康德認為，就不可能存在客觀的實踐知識，因為理性無法解決做甚麼的問題。

康德認為實踐理性是可能的。他肯定了一個（常識）信念：理性可以限制和解釋的不僅是手段，還有目標。在這種情況下，就可能存在對實踐理性的客觀運用。之所以可能是客觀的，因為它僅基於理性向所有理性存在者推薦行動的目的，而不管他們的情感、利益和慾望如何。然而，要想這一點成為可能，正如休謨所說，理性必須不僅解釋我們的行動，而且要激發我們行動。如果理性不能同時促使我行動，理性在作決定的過程中就毫無作用。於是它就不是實踐的。如果理性只能產生關於世界的判斷和由此而生的推斷，那麼很難看出它如何能成為行為的動機。這樣或那樣

的判斷或真或假，依我的目的，它們可能促使我採取各種各樣的行動。如果這些目的緣自「激情」，理性在決定行動方面就毫無作用。因此，理性能變成實踐的唯一方法就不在於得出判斷，而在於形成律令。律令並不描述世界，而是將自己賦予主體，如果主體接受，便決定主體做甚麼。因此，如果存在着僅從理性運用中而生的律令，那麼理性本身就可以促使我們行動。「利用實踐法則，理性直接決定意志。」（《實踐理性批判》，25）

意志的自律

康德的道德哲學來自於對先驗自由觀念和理性律令的結合。他相信，關於目的的推斷必須總是假設在他的形而上學中被視為可能的先驗自由。自由是為自己的行動定制目的的力量。任何從外部根源引出的我的目的，同時也使我自己受制於那種外力。任何決定我行為的自然過程，都將它的原因的不自由性強加於我。於是我就成為了自然力量尋找其法則的被動渠道。如果我的行為被視為不自由，那是因為某種意義上來說這並不真的是我的行為。

由我發出的行動只能歸因於我，因而是真正意義上的我的行為。就這種行為來說，我是自由的。不論何時行動，我都能自由地行動，而當一些其他的主體通過我採取行動，我便是不自由地行動。這引起了以

下的問題：我是甚麼？答案很明顯是「我是先驗自我」，因為這從自然的因果性方面解釋了我的自由。但是現在，康德在這個答案的基礎上補充了意志的理論。不管何時我決定行動，一個行動便因我而生，這只是基於對它的考慮。我並不參考我的慾望、利益或任何其他的「經驗條件」，因為這樣一來自己就會受制於自然的因果性。我只是考慮這個行動，出於它自身的緣故而把它選定為它自身的目的。這就是自由行為，即單由理性引出的行為的範例。康德覺得，這樣一種行為不能歸因於「自然的」力量，或是「經驗的」因果性之鏈。它自發地產生於形成我意志的理性過程。

於是，自由就是被理性支配的能力。在前一部分中討論的理性律令是「自由的法則」：理性借以決定行為的原則。所以在「自然因果性」之外還存在着「自由因果性」，而自由無非是遵從前者，同時也許還背叛後者。康德將這種僅受理性激發的能力稱做意志的自主性，並且他將此與受制於外在原因的主體的「他律」進行對比。康德所謂的外在原因是指任何屬於「自然因果性」的原因，也就是任何不僅僅是從理性中找到的原因。因此一項緣自慾望、情感或利益的行為是「他律的」。

於是康德現在提出了能自律的主體的概念。這個主體可以克服所有來自他律的因素——例如自利和慾

望——的驅使，如果它們與理性發生衝突的話。這樣的存在者把自己假定為「先驗存在」，因為他無視自然的因果性而總是將他的行為歸因於「自由的因果性」。只有自律的存在者才擁有真正的行為目的(相對於純粹的慾望對象而言)，而且只有這樣的存在者，作為理性選擇的體現，才值得我們尊重。康德繼續聲稱，意志的自律「是所有道德法則以及符合這些道德法則所依據的唯一原則。另一方面，意志的他律不僅不能成為任何義務的基礎，而且與由此產生的原則相悖，與意志的道德相悖」(《實踐理性批判》，43)。由於自律僅僅表現為遵從理性，又因為理性必須總是通過律令指導行動，所以自律被描述為「意志的一種特性，憑此特性意志成為它自身的法則」(《道德形而上學的基礎》，440)。而且它是「人類本質以及所有理性本質的尊嚴的基礎」(《道德形而上學的基礎》，436)。

形而上學難點

現在我們必須回到先驗自由的形而上學問題。其中有兩個難點特別突出，因為它們與康德自己在萊布尼茨的理性主義形而上學中發現的難點相對應。首先，先驗自我是如何成為個體的？是甚麼將這個自我變成了我？如果我的本質特徵是理性以及由此而生的主體性，那麼，既然理性法則是普遍的，我該如何與任何其他受制於這些法則的存在者區分開呢？如果本

質特徵是我關於世界的「觀點」，那麼康德該如何避免像萊布尼茨那樣，將自我視做單子，這個單子正是由它的觀點定義，但是卻存在於它所「表徵」的世界之外，不能與這個世界包含的任何事物建立真正的聯繫？

第二(或者倒不如說是繼續之前的異議)，先驗自我如何與經驗世界相聯繫？尤其是它如何與它自己的行為相聯繫，這種行為或者是經驗世界的事件，或者完全無效？正如康德所承認的，我必須作為自然領域中的「經驗自我」存在，同時作為自然領域之外的先驗自我存在。但是，既然原因的範疇只能應用於自然，那麼先驗自我就仍然是一直無效的。在這種情況下，它的自由為甚麼如此寶貴？康德訴諸的觀點是，原因的範疇指示時間(即前後)的聯繫，而理性與從理性中產生的行為的聯繫完全不是時間上的(《實踐理性批判》，94–95)。在第一部《批判》(第1版538–541，第2版566–569)中，康德關於這一點的迂迴討論並沒有清楚解釋，提供給先驗自我的理性如何能夠激起(進而解釋)經驗世界中的事件。

關於這些難點，康德偏愛的立場可以用以下的斷言來歸納：作為無法應用範疇的純「理智」領域的成員，我們自己的觀念「對於理性信念來說總是有用且合理的，雖然所有的知識都止步於這個領域的門檻」(《道德形而上學的基礎》，462)。與此同時，康德繼

續認為人類自由的悖論是不可避免的：我們永遠不能通過理論理性解決這個問題，儘管實踐理性向我們保證它有解決之道。然而，我們必須承認「純粹理性有權擴充自己的實踐運用，這種擴充的程度在思辨運用中是不可能的」（《實踐理性批判》，50）。所以我們可以放心地接受實踐理性的裁斷。當然，我們可以一直重新提出自由的問題：於是變成「實踐理性是如何可能的？」我們知道它的確可能，因為如果沒有它，我們觀察世界的視角將會消失。但是「純粹理性如何成為實踐的——要解釋這個問題已經超出了人類理性能力的範圍」（《道德形而上學的基礎》，461）。

運用令人信服的邏輯，康德可以從先驗自由的基礎上推斷出一整套常識道德體系。既然在這個推斷的最後還是沒能解決自由的悖論，康德關於我們永遠不能理解它的提法也許未必全錯。

假設律令和絕對律令

實踐思維可劃分為假設律令和絕對律令。前者典型地以「如果」開頭。例如，「如果你想留下來，就禮貌些。」在這裏，目的是假設的，律令陳述了達到目的的手段。所有這類律令的效力可以根據「至高原則」——「想要達到目標，就要通過這個手段」來建立。康德認為這條原則是分析的(它僅從概念推斷它的真理性)。但是，假設律令雖然可能是有效的，卻永遠

也不可能是客觀的，因為它們總是有條件的。它們只給那些之前提到的有目的的人（在以上提到的例子中，就是指想要留下的人）提供理由，而對其他任何人都沒有約束力。甚至對於告訴我們做甚麼能讓自己快樂的「慎重的忠告」來說，這也是正確的。因為根據人性，快樂的概念所指的是我們不可避免要去渴求的東西；將我們與快樂相聯繫的假設律令所以能普遍地運用，是因為人性是所有理性主體的普遍條件，但是它們並非必然能得到運用。「每一個人出於自願而不可避免想要的東西，不從屬於義務這一概念，因為義務是指被迫去實現一個非自願選定的目的。」（《道德形而上學》，385）於是，所有的假設律令似乎仍是主觀的，建立在個人慾望的基礎上，而且沒有一個與真正的「理性戒律」相符。

絕對律令一般不包含「如果」。它們告訴你絕對要做甚麼。不過，它們可能受到理性的辯護。如果我說「關門！」，那麼我的命令是任意的，除非我可以回答「為甚麼？」如果我給出了滿意的答覆，那麼律令便約束了你。然而，如果答案涉及了你的某種獨立利益，這個律令就不再是絕對律令，比如「如果你不想受到懲罰，關門。」僅當答案將行為本身表現為目的時，我們才能擁有非任意的絕對律令。它的標誌是出現了「應該」，例如「你應該關門。」在絕對的「應該」中，我們擁有理性的絕對律令。跟隨康德，

將假設律令和絕對律令之間的這種常見的區別，與根據手段推斷和根據目的推斷之間的區別對應起來，這樣做並非沒有道理。於是實踐理性的問題變成了「絕對律令如何可能？」此外，康德認為，道德只能通過絕對律令來表述。「義務這個概念要想有意義，要想對我們的行為有真正的律法權威，就只能通過絕對律令而絲毫不能通過假設律令來表述」（《道德形而上學的基礎》，425）。遵從假設律令就意味着總是遵從前項所描述的條件。因此它總是涉及意志的他律。然而，遵從絕對律令，由於它僅源自理性，所以必須總是自主的。這樣，康德同樣將兩種律令之間的區別與他律和自主之間的區別對應起來，從而將絕對律令的問題與先驗自由的問題聯繫起來：「絕對律令之所以可能，是因為自由觀念將我變成理智世界的一員。」（《道德形而上學的基礎》，454）

但是，絕對律令要想成為可能，它們也需要一條說明理性如何發現它們的至高原則。所以，實踐理性與理論理性所面臨的問題同樣寬泛，要求同樣的答案。我們必須表明，綜合的先天實踐知識如何可能。正如我們所見，假設律令的至高原則是分析的。所以，假設律令對主體沒有任何真正的要求，而僅僅是將主體的目的與達到目的的手段聯繫起來。然而，絕對律令提出的是真正的、絕對的要求：在這種意義上，它們是綜合的。此外，由於它們的基礎只存在於

理性，它們必須先天地被視為依據。絕對律令的特有形式本身就阻止它從任何其他的來源——例如慾望、需要、利益或主體的任何其他「經驗條件」——獲得要求遵從的權威。尤其是，無法從「人類本質的特殊屬性」中推出絕對律令（《道德形而上學的基礎》，425）。所以，康德摒棄了他所處時代所有主流的倫理學體系，認為它們無法解釋從屬於道德法則的「絕對必要性」。這種必要性只能通過具有先天基礎的理論來解釋。因此，所有對經驗條件，甚至是對人類本質最為確鑿的事實有所指的東西，都必須排除於道德的基礎之外（《道德形而上學的基礎》，427）。

絕對律令

各種絕對律令的至高原則被稱為那個絕對律令，這裏假設只存在或者只應該存在一條這樣的原則〔也許是為了避免義務衝突的可能性（「就職論文」，20）〕。事實上，這條原則有五種不同的重申形式，其中兩種涉及新的概念。所以，通常將絕對律令看做一種複合的理性法則，包括至少三個獨立的部分。以其首要的、最著名的形式，理性法則引申出如下內容。

如果我們想找出一個僅基於理性的律令，我們就必須從理性主體間所有的區別中進行抽象，無視他們的利益、慾望、野心以及所有限制行動的「經驗條件」。只有這樣，我們才能將我們的法則僅建立在實

踐理性的基礎上，因為此時我們已從其他任何基礎出發進行了抽象。通過這個抽象過程，我得出了「屬於理智世界的一員的觀點」（《道德形而上學的基礎》，454）。這是一個存在於我經驗之外的觀點，因此可被任何理性的存在者接受，不管他處境如何。於是，我所提出的那個法則將成為一條對所有理性存在者普遍適用的律令。當決定以我的行動作為目的時，我將受制於理性，「只根據那個我同時想要它成為普遍法則的準則去行動」（筆者根據《道德形而上學的基礎》第421頁的意譯）。（「準則」一詞同時意指「原則」和「動機」：一個絕對律令總是支配並且總是規定一條法則。）這條原則在某種意義上是「形式的」，也就是說，它沒有支配任何具體的東西。與此同時，它也是綜合的，因為它在所有可能的行為目的中立法，允許一些目的並禁止另外一些目的。例如，它禁止違反諾言，因為立志普遍地違反諾言相當於立志放棄承諾，也就是立志放棄違反諾言帶來的好處，從而立志放棄我的動機。這些被禁止的行為目的，通過與至高道德法則的衝突，將主體置於矛盾之中。

康德將絕對律令的第一公式，當做那個著名的黃金法則——己所不欲，勿施於人——的哲學基礎。它基於僅僅從理性中就能推出的東西，所以它是先天的。這解釋了它有權利成為「普遍」形式，有權利成為體現在絕對的「應該」中的必然性。

絕對律令發現行為的目的，靠的是從除理性主體的身份這一事實以外的一切事物中進行抽象。所以，理性主體必須提供自己的目的。自主的存在者是所有價值的主體和貯藏所，且正如康德所說，「以自己為目的」而存在。如果想要有價值，我們必須重視(尊重)理性存在者的存在和努力。這樣一來，自主性便規定了自己的限度。對我們自由的限制就在於，我們必須尊重所有人的自由：否則我們的自由如何能生成普遍的法則？由此得出的結論是，我們永遠不能不顧他人的自主性而利用他人，我們永遠不能把他人當做手段。這就把我們帶入了第二個主要的絕對律令公式，即如下法則：我必須「在行動時總是將人當做目標，永不把人僅當做手段，不論是對自己還是對他人」(筆者根據《道德形而上學的基礎》第429頁進行的意譯)。這裏的「人」包括所有理性存在者，而那些能被僅僅當做手段的存在者和不能被僅僅當做手段的存在者之間的區別，正是我們對事物和人的區分。這個區別是「權利」概念的基礎。如果某人問起動物或小孩或無生命的物體是否擁有權利，他其實是在問絕對律令在這第二種最有力的形式上是否適用於它。

於是，我們不能把理性主體僅當做外部力量借以發揮作用的手段：這樣便否定了他們的自主性，從而違反了他們從我們這裏得到尊重的要求。在向着道德法則進行抽象時，我總是遵重理性的主導權。所以，

儘管我的法則的形式是普遍的(第一個律令)，它的內容卻必須來自它在以自己為目的的理性存在者(第二個律令)身上的應用。所以，我必須總是將道德法則作為一條普遍的規則來對待，它同樣地約束理性存在者。由此我被帶入了以下觀念：「每一個理性存在者的意志都是普遍的立法意志。」(《道德形而上學的基礎》，449)這個觀念繼而引入另一個觀念，即「目的王國」，在這個王國中，我們自主地行動時都願意遵從的普遍立法，已經成了自然法則。所以，「每一個理性存在者都必須如此行動，似乎就他在每種情況下的準則來看，他都是普遍的目的王國的立法者」(筆者的意譯，來自《道德形而上學的基礎》，433–435)。第三個律令暗示，所有關於目的的思考同時也是對理想世界的假設，在那個世界中，事物如其所應當是，並且應當如其所是。在這個王國中，沒有甚麼與理性相衝突，理性存在者同時是那裏所遵從的法則的主體和主宰。

道德直覺

康德相信，絕對律令的各種公式可以從對自主性這個單一觀念的思考中推理出來，而且僅這一點就足以讓它們受到每一個理性存在者尊崇。他還認為，它們支撐着日常的道德思想，正如知性的先天綜合原則支撐我們的普通科學知識。康德的道德體系所作出的卓越貢獻，在於他將秩序加於道德的直觀想像。這種

想像不僅是一個人的屬性，而且(正如康德和許多其他的哲學家所想)是所有地方所有人的屬性。康德曾經深受沙夫茨伯里伯爵(third Earl of Shaftesbury 1671–1713)及其追隨者——所謂的不列顛道德學家們——的影響，他們認為，某些基本的道德原則並非個人偏愛問題，而是當被歸結為人類靈魂的真正基礎時，能被普遍接受，它們記錄着所有地方的理性存在者未言明的一致同意。康德接受了這個觀點。但是，他試圖讓它擺脫對「我們的吝嗇繼母——自然」的研究(《道德形而上學的基礎》，394)。因此，對於康德來說至關重要的是，他的理論應該產生一種直覺道德的公理。「我們只是通過普遍接受的道德觀念的發展來表明，意志的自主性不可避免地與它聯繫在一起。」(《道德形而上學的基礎》，449)列舉康德的理論所解釋的一些共同直覺是有益的。

(1)道德的內容。共同道德要求對其他人和自己的尊重，它禁止在個人利害方面存在例外。它認為在道德法則面前人人平等。這些都是絕對律令的直接結論。此外，在第二個公式中，絕對律令支持非常具體的、普遍接受的法則。它禁止謀殺、強姦、偷盜、欺詐和不誠實，以及所有形式的專橫強制。它附加了尊重他人權利和利益的普遍義務，附加了一種理性要求，即以公正評價的觀點為目的從個人介入中進行抽

象。這樣，它概括了關於正義的基本直覺，概括了一種具體的、直覺上可接受的道德法規直覺。

圖13　正義「讓每一個人得其所應得」

(2)道德的力量。根據康德的觀點，道德的動機與利益和慾望的動機截然不同。它絕對地且必然地統治着我們。即使當我們在最大程度上對抗它時，也能感受到它的力量。它不是一種能與其他事物進行平衡的考慮，而是一項強制的命令，只能被忽視而永遠無法駁斥。康德認為，這符合普遍的直覺。如果某人被告知，他能最大限度地滿足自己的慾望，只是之後要被絞死，那麼他肯定會拒絕這個提議。但是，如果他被告知必須背叛朋友，或提供偽證，或殺死一個無辜者，否則會被絞死，那麼他自己生活中的利益在決定他應該做甚麼這一點上就沒有任何價值。他也許會向威脅低頭，但是意識到自己在犯錯。不像慾望的任何動機，道德法則本身將他推向毀滅。

(3)善的意志。在對行為的道德判斷中，我們將結果歸於造成結果的主體。與故意和疏忽不同，不可預知和無心之過永遠不會遭到責備。道德判斷不是指向行為的效果，而是指向行為所顯示的或好或壞的意圖。所以，用康德的名言來說，「除了善的意志，在世界之中甚至在世界之外，沒有甚麼可以不加限制地被視為善的」（《道德形而上學的基礎》，393）。康德的理論完全符合這種普遍直覺。所有的美德都存在於自主性，所有的罪惡都出自缺乏自主性，而所有的道德都被指引意志的律令所概括。

(4)道德主體。直覺道德觀的基礎是道德主體的觀

點。道德主體與發生於自然中的主體有着不同的動機和組成。他們的行為不僅有原因，還有理性的支持。他們為將來作決定，這樣就將他們的意圖與慾望區分開來。他們不會總是允許被自己的慾望征服，而是有時會抵制並征服慾望。在所有事務中，他們都同時是主動和被動的，在他們自己的情感中作為立法者出現。道德主體不僅是感情和愛（我們可以把它們擴展至自然中的一切）的對象，而且也是尊重的對象，他控制我們的敬重心，以至於道德法則在他身上體現出來。在所有這些直覺區別中——理性和原因之間，意圖和慾望之間，行為和激情之間，尊重和感情之間——我們發現成為上述區別之基礎的關鍵區別，即人與物的區別。只有人才有權利、責任和義務；只有人在原因之外還出於理性而採取行動；只有人值得我們尊重。絕對律令哲學解釋了這個區別以及所有反映它的那些區別。它也解釋了為甚麼「對人的尊重」滲透於每一條道德法規中。

（5）法則的作用。某些人可能如善意的人那般做事，但是這個事實並不能為他贏取任何榮譽，因為他的動機是自私的。一個人幫助危難之中的他人，如果只是因為看到這樣做對自己有好處，這就並不是出於義務的行為，即使他做了義務所要求的事情。所以我們必須區分根據義務的行為和緣自義務的行為，只讚賞後者。「前者（合法性），即使在好惡本身就能成為

決定意志的原則時也是可能的，但是後者(道德性)擁有道德價值，只能放置於一個事實中：這個行為是出於義務……」(《實踐理性批判》，81)。這是康德理論的一個清晰的、直覺上可以接受的結論。另一個更富理論性的命題也是如此，那就是道德思想的基本概念不是善，而是責任(《實踐理性批判》，60–65)。

(6)理性和激情。在所有的道德努力中，我們認識到義務和慾望之間也許存在着衝突。於是，在每一個道德存在者身上，產生了作為一個獨立動機的良心觀念，它可以給慾望立法，以禁止或允許它們。康德將道德主體的「善的意志」，與行動時總是不受慾望抵制的「神聖意志」區別開來。「神聖意志」不需要任何律令(《實踐理性批判》，32)，因為它自動傾向於義務；然而，普通的主體總是需要原則，因為他傾向於阻撓這些原則。這種理性與激情的衝突是一種普遍的直覺。然而，康德將它帶入了某種反直覺的極限。他相信，善行的動機為經驗主義道德觀所珍視，它只是一種純傾向，所以在道德上是中立的。「出於愛或同情的善良，或僅僅是出於偏好秩序而與人為善，這是無比美好的，但是這還不能成為真正的道德準則。」(《實踐理性批判》，82)康德似乎更讚賞逆着各種偏好行善的厭世者，勝於對由衷的善行的讚賞。道德主體的價值就在於他抵制偏好的能力。例如，當渴望死亡的某人出於自保的義務而繼續生存，只有那

時，自保不再是本能，而第一次成為道德價值的標誌。

（7）意圖和慾望。康德的道德哲學還幫助我們從另一個角度理解我們所處的困境，它強調着一個事實：作為道德主體，我們會以不想要的為意圖，並會想要意圖之外的。意圖和慾望之間的區別在動物的行為中不會出現：我們通過動物們想要甚麼來解釋它們的行為，除此之外別無其他。但是人類的動機跨越了形而上學的分割線，也即自由與自然、理性與原因、主體與客體、人與物之間的分割線，對此，康德試圖根據他的先驗哲學來闡述、解釋並論證。我們通過推理而決意行動；這樣做了，我們就意圖去做我們已經決定了的，不管我們是否想要。人類狀況的這種不尋常特徵需要一個解釋，而康德就是少數提出解釋的哲學家之一。

道德和自我

康德認為，這些直覺已經將我們帶向了先驗自由的觀念。如果該觀念是廢話，那麼我們所有的道德和實踐思想也就都是如此。因為，如果我們系統地研究這些直覺，就會發現它們將道德主體與他的慾望區分開，將人的自由的、受理性控制的、自主的本性，與動物的不自由的、被動的（或者用康德的來說，「病態的」）本性區分了開來。於是，我們理所當然必須正視自由的悖論。因為，我們確實將自己既視為受制於因果律的

經驗存在者，也視為受制於理性律令的先驗存在者。

我們必須再次提醒自己留意「先驗對象」的方法論特徵。「先驗對象」這個短語並非指代知識的對象，而是指知識的限度，由實踐理性的視角來限定。受制於理性的我認為世界是「行為的領域」，並由此假設我的意志自由。我只能從那個假設出發才能審慎地思考。從實踐理性的這個視角出發，我不可阻擋地達到了強迫我行動的絕對律令。有一種解釋認為，自我及其主體性的理論不是關於事物在先驗世界中如何存在，而是關於事物在經驗世界中看起來如何的理論。「於是，理智世界的觀念只是一個觀點，為了把自己設想成是實踐的，理性發現自己不得不在表象之外採取這個觀點。」（《道德形而上學的基礎》，458）於是，理性主體要求有觀察世界的一種特殊視角：他從自由方面看待自己的行動，並且儘管他所觀察到的與他科學地研究世界所觀察到的完全一致，他的實踐知識也不能通過科學術語來表述。他尋求的是理性、理性目的和律令，而非原因、手段和描述性的法則。所以，康德肯定地回答他在第一部《批判》中所提出的問題：「將同一事件一方面看成僅僅是自然的作用，另一方面看成是緣於自由，這可能嗎？」（《純粹理性批判》第1版，543；第2版，571）。但是，這個問題的答案涉及一種先驗的視角，我們能理解的只是它的不可理解性。

道德的客觀性

如果我的自由和引導它的法則由一種特殊的看待事物的方式組成，那麼，我如何能將道德的命令看成是客觀上有效的？康德認為，僅是理性強迫我接受絕對律令，所以它擁有「客觀的必然性」。這種強迫出自一種觀點，但這一點並不重要。強迫接受科學的先天規律也是此種情形。如果理性既是行為的動機，同時又受它的本質推動朝向明確的戒律，那麼根據客觀性，還能再要求甚麼呢？當某人問「為甚麼我應該有道德？」，他是在要求一個理由。一個涉及他利益的答案只能「有條件地」制約他：如果他的利益發生了改變，那麼答案便失去了效力。但是，實踐理性的視角可以超越所有的「條件」，並且，這是它的「先驗」本質所暗示的一部分。它產生了具有絕對約束力的律令。在這種情況下，它為所有的理性主體，不管他們的慾望為何，回答了「為甚麼要有道德？」這個問題。擁有邪惡慾望的人與擁有正當慾望的人一樣，都無法逃脫理性答案的力量。

如此一想，證明道德客觀性的任務比證明科學客觀性的任務就要容易一些，儘管現實中的主流看法恰恰相反。因為知性能力需要兩個「演繹」，一個表明我們必須相信的，另一個表明甚麼是真的。不作真理判斷的實踐理性不需要第二個「客觀的」演繹。理性強迫我們根據絕對律令思想，這就足夠了。關於獨立

世界，沒有甚麼進一步的東西需要被證明。如果有時我們談起道德真理和道德事實，這只是在以另一種方式談論理性給我們的行為所加的限制。

道德生活

理性存在者的道德本質，就在於他有能力用實踐理性的普遍要求，去充實他的一切判斷、動機和感情。即使在我們最私人、最隱密的遭遇中，理性都秘密地對直接環境進行抽象，並提醒我們記起道德法則。有些哲學家——例如沙夫茨伯里、哈奇森（Francis Hutcheson）和休謨——強調情感對於道德至關重要。除了情感這個概念有些問題外，他們並沒有錯。道德生活涉及氣憤、悔恨、憤慨、自豪、自尊和尊重的運用。所有這些都是情感，因為他們不從屬於意志。但是處於這種情感中心的，是對道德法則的尊重，以及對當前的、直接的條件的抽象。正是這一點，證明了它們在理性存在者的道德生活中的地位。「尊敬（respect）是我們無法拒絕表示的一種敬意（tribute），不管我們是否願意。我們的確可能表面上壓制它，但是在內心卻無法不感受到它。」（《實踐理性批判》，77）康德關於驕傲和自重的討論（《倫理學講演》，120–127）非常敏銳。通過強調滲透於人類情感中的理性成份，他能夠反駁「道德感覺」在理性的人的動機中毫無作用這一詰問（《倫理學講演》，139）。但是，

任何注意到道德感覺之複雜性的理論，都必須強調位於它中心的律令。

康德認為，這個抽象化的過程將我們帶向形而上學。道德生活暗示了一種先驗實在性；我們感到不得不相信上帝，相信不朽，相信自然中神聖的法規。這些「對實踐理性的假設」與指引我們的律令一樣，都是道德思想的不可避免的產物。純粹理性不遺餘力地試圖證明上帝的存在和靈魂的不朽。但是，「從實踐的觀點來看〔這些學說的〕可能性必須被假定，雖然理論上我們無法認識並理解它」（《實踐理性批判》，4）。這種對神學論斷的模糊讓步很難讓人接受。但是通過第三部《批判》，康德的意圖多少有些顯現，我們現在必須轉而考察它。

第六章
美與設計

　　不是上帝的命令使我們受道德約束，而是道德指向了「神聖意志」存在的可能性。康德告誡人們不要陷入「狂熱，確切地說是不敬，放棄道德立法理性對我們生活的公正行為的指導，而妄圖直接從最高存在者這個觀念中獲得指導」（《純粹理性批判》第1版，819；第2版，847）。康德關於宗教的著作是他試圖系統地給宗教祛魅的初步努力。他批判所有形式的擬人說，並且在《單純理性限度內的宗教》(1793)中詳細地解釋了「道德釋義」的「闡釋規則」。所有與理性相衝突的經文和宗教教義都必須通過寓言解釋，以表達道德見解，這種見解從它的宗教表述中所獲得的不是有效性，而是生動性。通過偶像使上帝這個觀念被理解，進而將上帝歸入經驗世界的範疇，這是自相矛盾的。如果上帝是先驗存在者，那麼從我們的觀點來看，除了說他是超驗的之外，我們無法就上帝說些甚麼。如果上帝不是先驗存在者，他就不比自然中的任何其他生物更值得我們尊敬。在第一種解釋下，我們能尊敬他，只是因為我們尊敬指出他存在的道德律

法。在第二種解釋下，我們尊敬他，只是將他視做支配其活動的道德律法的主體。

康德對宗教的這種祛魅在那個時代並不罕見，但將傳統宗教偶像應用於道德崇敬，他卻是獨樹一幟。對上帝的崇拜變為對道德律法的尊崇和忠誠。超越信念的信仰變成了超越知性的實踐理性的確定性。尊敬的對象不是最高存在者，而是合理性的至上屬性。道德世界被描述為「恩寵的王國」（《純粹理性批判》第1版，815；第2版，844），理性存在者的現實共同體被描述為自然世界的「神秘體」（《純粹理性批判》第1版，808；第2版，836），凡人所嚮往的上帝王國則轉變成可以通過自我立法變為現實的目的王國。因此，雅赫曼在信件中提到「許多佈道者〔從康德關於神學的演講〕往前推進，並宣揚理性王國的福音」也就不足為奇了。

雖然如此，康德還是承認傳統的神學論斷，甚至試圖在「實踐理性假設」的模糊學說中使之復活。此外，他還感到，關於上帝存在的一個傳統論證，即設計論，含有指向創世論之本質的關鍵線索。在第三部《批判》中，在審美經驗論述的結尾，康德試圖揭示他的這個意思。

第三部《批判》

儘管康德費盡心思想將先驗哲學的結構施加於有

圖14　通過自然美所獲得的洞見：弗里德里希（Caspar David Friedrich）
受康德啟發創作的《呂根島上的白堊懸崖》

些鬆散的主題上，《判斷力批判》仍是一部條理不清、多處重覆的作品。一位聽過康德美學講座的同時代人記錄道：「康德《判斷力批判》的主要思想是以盡可能輕鬆、明瞭和愉快的方式表達出來的。」然而，開始寫這部作品時，康德已屆七十一歲，無可置疑的是他對於論證和措辭的駕馭能力開始衰退。然而，第三部《批判》仍是近代最重要的美學著作之一；事實上，可以不誇張地說，如果沒有這部作品，美學就不會以其現代形式存在。康德的那些最無力的論證在此被用於展現他最富原創性的結論。

康德感到有必要在《判斷力批判》中探索前兩部《批判》中遺留下來的一些問題，並想對應於知性和實踐理性為美學提供屬於它自己的「能力」。判斷力在這其他兩者之間「斡旋」。它使我們能把經驗世界看做符合實踐理性的目的，也能將實踐理性看做適應我們有關經驗世界的知識。康德認為，「判斷力」既有主觀方面又有客觀方面，並按此將《判斷力批判》分成幾部分。第一部分涉及「合目的性」的主觀經驗，主要論述審美判斷力。第二部分涉及自然的客觀「合目的性」，主要論述設計的自然表現。我將集中討論第一部分，這一部分將批判哲學體系的鬆散目的連接了起來。

18世紀見證了現代美學的誕生。莎夫茨伯里和他的追隨者對美的經驗進行了透徹的觀察；伯克

(Edmund Burke)提出了他著名的美和崇高的區分；法國的巴特及德國的萊辛(G.E. Lessing)和溫克爾曼(Winckelmann)試圖為藝術作品的分類和批判提供普遍原則。萊布尼茲學派也作出了貢獻，「審美」這個詞的現代用法即歸功於康德的導師鮑姆嘉通。儘管如此，自柏拉圖以後，沒有任何一位哲學家像康德那樣在哲學中賦予審美體驗中心地位。康德的前人也沒有像康德那樣意識到，沒有審美理論的形而上學和倫理學是不完整的。只有理性的存在者才能體驗美；沒有美的體驗，理性的運用是不完整的。康德指出，只有通過對自然的審美經驗，我們才能把握我們的能力和世界的關係，才能理解我們的局限以及超越這些局限的可能性。審美經驗讓我們認識到，我們的觀點畢竟僅僅是我們的觀點；我們不是自然的創造者，正如我們也不是我們賴以進行觀察和採取行動的觀點的創造者。我們每時每刻置身於觀點之外，不是為了獲得超驗世界的知識，而是為了感知我們的能力與其應用對象之間的和諧。同時，我們感覺到使這種和諧成為可能的神聖秩序。

美的難題

康德的美學基於一個他以各種不同形式表達過的難題，這個難題最終呈現為一個「二律背反」結構。根據「鑑賞力的二律背反」，審美判斷看似與其自身

相矛盾：它不能同時既是審美的(主觀經驗的表達)又是一種判斷(宣稱普遍的同意)。但所有理性存在者，似乎僅僅憑藉其合理性就傾向於作出這些判斷。一方面，他們在對象身上獲得了愉悅，這種愉悅是直接的，並非建立在對這個對象進行概念化或對原因、目的和要素進行探究的基礎上。另一方面，他們以判斷的形式表達他們的愉悅，説「美似乎是對象的一種性狀(Beschaffenheit)」(《審美判斷力批判》，211)，以此表明他們的愉悅客觀有效。但是，怎麼可能是這樣呢？愉悅是直接的，不經任何推理或分析；那麼，是甚麼容許這種普遍同意的要求？

不管如何分析美的概念，我們都會發現這個矛盾出現。我們的態度、感覺和判斷所以被稱為審美的，正是因為它們跟經驗的直接關係。因此，任何人都無法對從未聽過或見過的客體作出美的判斷。科學判斷，如同實踐原理一樣，可以「間接」獲得。我可以將你視為物理學真理或火車效用方面的權威。但如果我沒有見過列奧納多的作品或聽過莫扎特的音樂，我就無法將你視做鑑賞前者的價值和後者的美的權威。如此看來，似乎不可能存在審美判斷的規則或原理。「一條鑑賞原則意味着一個基本的前提，在它的條件下人們能夠把一個對象的概念歸攝進去，並在這種情況下通過一個推論，得出這個對象是美的。但這是絕對不可能的。因為我必須直接在這個對象的表象上感

覺到愉快，這種愉快是不能通過任何證據說服我而得出的」（《審美判斷力批判》，285）。看來總是經驗，而絕非概念思維，給出審美判斷的權利，因此，對象經驗的任何改變都會導致其審美意義的改變（這正是詩歌無法翻譯的原因）。如康德所說，審美判斷「不依賴概念」，美本身也不是一個概念。這樣，我們就得到了鑑賞的二律背反的第一個命題：「鑑賞判斷不是建立在概念之上的；因為若非如此，它就可以爭辯（通過證明來裁定）了。」（《審美判斷力批判》，338）

然而，該結論與審美判斷是一種判斷這個事實並不一致。當我描述某樣東西是美的，我並非僅指它使我愉悅：我是在說它，而不是我自己；而且，如果有人質疑，我會為自己的觀點給出理由。我並不解釋自己的感覺，而是通過指出感覺對象的特點而給出根據。任何理由的尋找都具有合理性的普遍特徵。實際上我是在說，只要他人是理性的，就會和我感受到相同的快樂。這就指向康德二律背反的第二個命題：「鑑賞判斷建立在概念之上；因為若不然，……對此甚至不可以爭執，或者說不可以要求別人必然贊同這個判斷。」（《審美判斷力批判》，338–339）

鑑賞的先天綜合依據

康德認為美的判斷並非依據概念，而是依據一種愉悅的感覺；同時，這種愉悅被假定為普遍有效，甚

至是「必然的」。審美判斷包含一種「應當」：其他人應當和我感覺相同；如果不同的話，定有一方出錯，非我即彼。正是這一點引導我們尋找判斷的理由。「普遍性」和「必然性」兩個詞將我們指向了先天之物的界定特徵。其他人和我感覺應當相同這個假設並非源自經驗：恰恰相反，它是審美愉悅的先決條件。它也不是分析的。因此，它必定是先天綜合的。

這個論證非常不可靠。鑑賞判斷的「必然性」與知性的先天法則的必然性毫無聯繫，它的普遍性也沒有導出確定原理。康德有時承認這一點，並將審美愉悅而不是審美判斷視做普遍有效的，因此是先天的（《審美判斷力批判》，289）。不過，他確信美學提出了所有哲學一樣會提出的問題。「判斷力批判的問題……從屬於先驗哲學這個總問題：先天綜合判斷是如何可能的？」（《審美判斷力批判》，289）

康德提供了一個答案，即「先驗演繹」。文字只有十五行，論述總體來說不夠充分。他的話有漏洞：「這個演繹之所以如此容易，乃是因為它並不需要為一個概念的客觀實在性(即應用)作辯護。」（《審美判斷力批判》，290）然而事實上，他獨立地論證了鑑賞判斷的先天成份，及其「普遍」假設的合法性。

客觀性和思辨

康德始終如一地關注客觀性。審美判斷要求有效

性。可以以何種方式支持這個要求呢？理論判斷的客觀性要求一個證據，證明世界與知性所顯示的相同，實踐理性則不需要這種證據。理性約束著每個行為主體服從一套基本原理——表明這一點就足夠了。在審美判斷中，這個要求甚至更弱。我們在此不必建立那些迫使每個理性存在者都同意的原理。表明普遍有效性的思想如何可能就足夠了。在審美判斷中，我們只是「同意的請求者」（《審美判斷力批判》，237）。不存在鑑賞的有效規則，不如說，我們必須認為對象使我們的愉悅成為有效的。人們也許懷疑，審美判斷甚至是否包含對客觀性的要求，但這只是因為他們沒有考慮對他們真正重要的審美判斷。當一處摯愛的風景被隨意破壞，一個美麗的古城被任意糟蹋，人們會感到受了冒犯、受了傷害並憤懣不平。他們激起立法來阻止這樣的事發生，成立委員會保護所愛，並且以全副精力發起運動去制止破壞者。如果這還不能成為對客觀有效性的要求，就難以知道有甚麼能夠成為了。

康德將感官愉悅和思辨愉悅區分開來。因美產生的愉悅，儘管「直接」（未經過概念思維），卻涉及對對象的反思思辨。純粹鑑賞判斷「把愉快或不悅直接與對象的純然思辨結合起來……」（《審美判斷力批判》，242）。因此，必須將審美愉悅同吃喝帶來的純粹感觀愉悅區別開。只有通過那些同時允許進行思辨的感官(即通過視覺和聽覺)，才能獲得審美愉悅。

這種思辨行為要求專注於對象，但並非將對象視為普遍事物(或概念)的一個具體示例，而是視為如其所是的特定事物。在審美判斷中，個體對象被孤立並且「只出於它自己的原因」而被考慮。但是，除孤立行為之外，思辨還進行一個抽象化的過程，同實踐理性達到絕對律令的過程精確對應。審美判斷抽象掉觀察者的每種「利害關係」，觀察者並不將對象作為達到目的的工具，而是將對象本身視為目的(儘管不是道德目的)。觀察者的慾望、目標和理想在思辨行為中被擱置，對象則被視為「無涉任何利益」(《審美判斷力批判》，211)。這種抽象行為是在「單稱判斷」聚焦於個體對象時進行的(《審美判斷力批判》，215)。因此，同產生絕對律令的抽象不同，這個抽象不會形成普遍規則。然而，它成為後續判斷之「普遍性」的基礎。正是這一點使我得以「在鑑賞中扮演裁決者」(《審美判斷力批判》，205)。抽象掉我所有的利益和慾望後，我實際上從判斷中移除了使我成為我的所有「經驗條件」，並將我的經驗僅僅歸於理性，正如我實施道德行為時將行為目的歸於它一樣。「既然愉快並非基於主體的任何愛好(或其他利害考慮)……他就無法為自己的愉快找到僅和他的主體有關的個人條件作為根據。」(《審美判斷力批判》，212)在這樣的情形下，審美判斷的主體似乎必然感到他不得不並且有權利、為了所有理性存在者給自己的愉快立法。利益

無涉是「理性利益」的標誌，每當理性主體將他們自己的慾望置放一邊，努力像上帝一樣以判斷的態度審視世界時，利益無涉就會發生。在我們決定對錯、主持法庭、評判證據以及——也許有些奇怪——思考世界表象時，我們就是這麼做的。不涉利益的思辨承認對象的重要性——如此重要以至於我們的利益對我們的判斷沒有影響。如果你覺得這種想法既奇怪卻又令人信服，你就會發現康德將此作為其美學理論的中心前提，真是天才之舉。

想像力與自由

審美思辨涉及合理性的哪個方面呢？在第一部《批判》的「主觀演繹」中（見前文，第37頁），康德論證了想像力在概念和直覺的「綜合」中處於中心地位。想像力將直覺轉化為材料；每當賦予自己的經驗以描述世界的「內容」時，我們都會運用想像力。當我看到窗外的那個人時，「人」這個概念就出現在我的知覺中。這種將概念注入經驗的工作就是想像力的工作。康德認為，想像力也可以「獨立於」概念（即獨立於知性規則之外）。想像力的這種「自由遊戲」正是審美判斷的特點。在想像力自由遊戲中，概念要麼是完全不確定的，要麼雖然確定卻未被應用。第一種情形的例子是將一系列標誌看成一個模式時涉及到的想像的「綜合」。此處沒有確定的概念。除了經驗

到的秩序之外，這個模式甚麼也沒有；除了那個不確定的觀念之外，經驗中沒有應用任何概念。第二種情形的例子就是在圖片中看見一張臉孔時涉及到的「綜合」。「臉孔」這個概念在此參與了想像的綜合，但卻並未被應用於對象。我沒有判斷在我面前的是張臉，而是判斷我的想像允許我這樣看它。第二種「自由遊戲」是我們理解藝術表象的基礎。康德對第一種更感興趣，這讓他對藝術中的美產生了形式主義觀點。想像力的自由遊戲使我能將概念應用於一種經驗，這種經驗本身「獨立於概念之外」。因此，即使沒有鑑賞規則，我仍然可以為我的審美判斷給出依據。我可以為我的愉悅給出理由，同時關注作為這種愉悅之原因的「單一性」。

和諧與共感

比起自然，康德不太重視藝術，尤其不重視藝術中的音樂，「因為它僅僅以感覺來演奏」（《審美判斷力批判》，329）。然而，音樂卻為康德的理論提供了很好的例子。當我聽到音樂時，我聽到的是一種組合。某些東西開始了，發展了，並且各部分保持一種統一性。這種統一性其實並不存在於我面前的音符中，而是我知覺的產物。我能聽到音樂，是因為我具有想像力，它的「自由遊戲」將我的知覺帶到不確定的統一性觀念中。只有具有想像力(一種理性能力)的

存在者才能夠聽到音樂的統一，因為只有他們能夠進行這種不確定的綜合。所以，這種統一是我的知覺。但這種知覺不是隨意的，它受到我的理性本質迫使。我感知到我經驗中的組合是客觀的。統一的經驗帶來愉悅，這也屬於理性的應用。我假設這種愉悅同旋律一樣，是所有具有我這種構造的人的屬性。因此我將在音樂中獲得的愉悅歸因於「共感」（《審美判斷力批判》，295）的作用，即一種直接基於經驗且為所有理性存在者共有的傾向。

　　但這種統一的經驗是如何與愉悅混合的呢？當我聆聽到音樂的形式統一時，我的經驗基礎，就在於我所聽到的東西和組合這種東西的想像能力之間的一種一致性。儘管這種統一根源在我，它卻被歸因於一個獨立的對象。經驗這種統一時，我也感受到了我的理性能力和它的應用對象(聲音)之間的和諧。這種我自己和世界之間的和諧感既是我愉悅的源泉，也是這種愉悅的普遍性的基礎。

　　人如果對對象的形式進行單純反思時獲得了愉悅，同時大腦中沒有任何概念的存在，他就能正當地要求每個人的贊同，儘管這個判斷是經驗性的單稱判斷。因為這種愉悅的依據存在於反思性判斷的普遍的、儘管是主觀的條件中，亦即存在

於對象和每個經驗認知所必需的各種認知能力(想像力和知性)之間的最終和諧中。

(《審美判斷力批判》，191)

形式與合目的性

這樣看來，似乎我們的審美愉悅源於一種能力，由於想像力的自由遊戲，這種能力首先在於經驗我們自己的理性能力的和諧運行，其次在於將這種和諧投射到經驗世界。我們在對象中看見了我們在自身中所發現的形式統一性。這正是我們愉悅的根源，也是我們對美的「共感」的基礎。「唯有在這樣一種共感的前提條件下，我們才能作出鑑賞判斷。」(《審美判斷力批判》，238)

康德將「自由」美和「依附」美區分開，前者完全不依賴概念思維即可被知覺，後者要求先使對象概念化。當我感知到一幅寫生畫或一棟建築，在我初次將對象納入概念中，參照前者表達的內容，或者參照後者履行的功能之前，我可能對美沒有任何印象(《審美判斷力批判》，230)。這種「依附」美的判斷不如「自由」美的判斷純粹，它只對一種人來說才能變得純粹，即那種對於他所見事物的意義和功能無任何概念的人(《審美判斷力批判》，231)。因此美的最純粹例子是「自由的」。只有在對這類例子的思辨中，我們的能力才能夠卸下普通科學思維和實踐思維的重擔，進入作為審美愉悅之基礎的自由遊戲。這類自由

美的例子大量存在於自然中，在藝術中卻鮮見。

我們在自然的自由美中感知到的統一排除了一切利害關係：它是不涉及任何確定目的的統一。但它卻反映了一種秩序，這種秩序源於我們自身，即有目的的存在者。因此它帶有目的的不確定標記。正如康德所說，審美的統一性顯示出「無目的的合目的性」。審美經驗引導我們將每個對象本身視做目的，同時也引導我們感覺到自然的合目的性。

「合目的性」的知覺，如理性的調節性觀念一樣（見前文第85頁），並不是關於是甚麼的知覺，而是關於「好像」甚麼的知覺。但這種「好像」是必然發生的：如果我們想要發現自己作為認識生物和行動生物在世界中的恰當位置，我們就必須以這種方式觀察世界。審美判斷帶給我們自然界的純粹設計經驗，它因理論見解，也因道德生活的努力把我們解放出來。它還允許從理論到實踐的過渡：我們發現了自然中的設計，於是承認自己的目的可以在那裏實現。（《審美判斷力批判》，196）此外，再次像理性觀念那樣，合目的性概念是「超感性的」：它是先驗設計的觀念，我們不知道它目的何在。

審美經驗就是許多此類「審美觀念」的載體。審美觀念是一些超越了可能經驗的界限的理性觀念，同時試圖以「感性」形式來表達彼岸世界無法言表的特點。（《審美判斷力批判》，313–314）沒有審美觀念

就沒有真正的美;它們通過藝術和自然呈現給我們。審美理念賦予我們的感覺以先驗界的提示。詩人,即使是在經驗現象,也「試圖通過想像……超越經驗界限,〔將這些東西〕完整呈現給感覺,但自然中無法找到這些東西的例子」(《審美判斷力批判》,314)。康德就是這樣解釋審美的濃縮效果的。例如,當彌爾頓(John Milton)表達撒旦的復仇心理時,他那強壓憤怒的言語直入人心。我們覺得自己並非在聆聽這種或那種所謂「偶然的」情感,而是在聆聽復仇的本質。我們似乎超越了自然中每一具體例子的限制,意識到它們蒼白無力地反應出來的某種不可言說的東西。當瓦格納(Richard Wagner)通過《特里斯坦》的音樂表達對性愛不可遏制的渴望時,我們彷彿再次昇華,越過了我們自己受限的激情,得以瞥見這些激情所追求的完滿。任何概念都無法讓我們上升到如此高度:然而,審美經驗不斷地努力要超越我們觀點的局限,似乎想要「體現」人們無法思維的東西。

目的論與神聖者

而後,康德試圖從美的哲學轉向描述我們同世界的關係,這種世界不受我們自己觀點的限制,在第一部《批判》中,康德曾證明這種限制正是自我意識的必要條件。在審美經驗中,我們將自己同一種超感覺的(即先驗的)實在性聯繫起來,這種實在性處於思維

範圍之外。我們開始意識到自己的局限、世界的壯觀，以及那無法名狀的良好秩序，這種秩序允許我們認識並依其行動。康德借助了伯克對於美和崇高的區分。有時，當我們感覺到自然和我們的能力之間的和諧，我們會對身邊所有事物的合目的性和可理解性留下深刻印象。這就是對美的感受。其他時候，被世界無限的偉大震懾，我們會放棄想要了解和控制世界的企圖。這就是對崇高的感受。面對崇高時，心靈「被刺激而放棄了感性」（《審美判斷力批判》，246）。

康德關於崇高的表述不太清楚，但卻強調了他將美學闡釋為神學的一種「預兆」。他對崇高的定義是：「表明心靈有一種超越任何鑑賞尺度的能力的東西，僅僅因為心靈能夠思考它。」（《審美判斷力批判》，250）正是崇高判斷與我們的道德天性最為相關。它表明在要求一致同意時，我們是在要求道德情感上的一種共通性，以此它指出了對鑑賞之「普遍性」的另一論證（《審美判斷力批判》，265）。在判斷崇高時，我們要求對於超感覺領域的內在性必須有一致的認識。一個既不能感受到自然的莊嚴也不覺得自然可畏的人，在我們眼裏，也缺少對於他自身局限的必要感知。他沒有採取那個關於他自己的「先驗」視角，而這種視角正是所有真正道德的源泉。

康德似乎正是通過預知崇高，引出了對於最高存在者的信仰。《判斷力批判》的第二部分專門論述

「目的論」，即對事物目的的理解。在此，康德以一種為許多評論家所不滿的方式，表達了他對神學觀點的終極同情。我們對於崇高和美的感覺結合起來，不可避免地呈現了一幅神創自然的圖景。在美中，我們發現自然的合目的性；在崇高中，我們獲得了關於自然的先驗根源的暗示。在這兩種情況下，我們都無法將自己的情感用理性論據表達出來：我們僅僅知道自己對先驗之物一無所知。但這不是我們感覺到的全部。設計論證並不是一種理論證據，而是一種道德的提示，通過我們對自然的情感變得生動起來，又在我們的理性行為中得到實現。說它被實現，是指創造的真正目的通過我們的道德行為被提示出來：但是，這種提示是屬於理想的而非現實的世界。因此，我們在自己的一切道德行為中證明了神聖的目的論，卻無法表明這種目的論在我們行動的現實世界中也是真實的。我們從實踐上，而非理論上，知曉了自然的最終目的。它存在於對「單為自我立法」的純粹實踐理性的尊敬中。當我們把這種尊敬和我們對崇高的經驗聯繫起來時，我們就會對先驗界有了感覺，無論這種感覺有多短暫（《目的論判斷力批判》，446）。

因此，是審美判斷指引我們把握超驗世界，實踐理性則賦予這種把握以內容，並確證，這種對事物非視角眼光的提示正是上帝的提示。這就是康德試圖在審美觀念和崇高學說中要表達的內容。在每一種情形

下，我們都遭遇一種「心靈為了它的超感覺使命而利用想像力」，並且被迫「把自然本身總體設想為某種超感性之物的表現，而不能使這種表現成為客觀」（《審美判斷力批判》，268）。超感性的即是先驗的。它無法通過概念被思考；用「觀念」思考它的企圖終將陷入自相矛盾之中。然而，理性的觀念——上帝，自由，不朽——在我們的意識中復活了，時而表現為行為律令，時而被想像力轉化為感官和審美的形式。我們無法擺脫這些觀念。這樣做就等於宣稱，我們有關世界的觀點就是這個世界的全部構成，從而將我們自己化身成神。實踐理性和審美經驗使我們謙卑。它們提醒我們，世界這個整體，若非從有限的視角來設想，就不是有待於我們去了解的世界。理性的這種謙卑是尊重的真正對象。理性存在者僅僅尊敬一點，即他是作為先驗界的一員而感受和行動，同時又承認，自己只能夠認識自然界。審美經驗和實踐理性是道德的兩個方面：正是通過道德，我們才能夠感知上帝的先驗性和固有性。

第七章
啟蒙與律法

　　批判哲學考察的是思維結構，並且告訴我們通過這種結構甚麼能被證實，甚麼不能被證實。它判斷所有哲學，它的原理不是普通的證據，而是有關可證實事物的證據。簡而言之，這是一種元哲學，一種有關哲學的哲學。它預示了元邏輯和數學，在塔斯基（Alfred Tarski）和哥德爾（Kurt Gödel）手中，元邏輯和元數學改變了我們有關數學推理的概念，削弱了那些對於康德將數學視為一種先天綜合真理的批評。

　　這並不意味着康德哲學沒有結果或無力挑戰流行的正統觀點。恰恰相反，康德認為，在實踐領域，批判的方法與道德判斷直接聯繫，能夠得出人們不得不接受的結論，即使否認這種結論會對他們有利。道德是實踐推理的核心，卻不是全部。康德在其晚年轉而關注政治學，希望通過使用批判方法來解決某些關於合法性和權利的難題。

　　由盧梭提出的關於人類社會和制度的觀點，使自由個體的自我立法成為了合法政治秩序的基礎。對於康德及其同時代人，這些觀點的重要性日益增加。它

鼓勵人們愈加質疑權威；它將個體良知放在教會和國家命令之前；它使人們相信進步，視進步為人性從迷信的服從下解脫的天然條件。康德的道德哲學從自我立法的觀念中發展出一整套關於義務的完整體系，它給予政治學新觀點以最終的哲學認可；啟蒙（Aufkärung），後人都知與康德密切相關，康德是其最清晰、最明確的闡釋者。實際上，正是康德第一個嘗試將「啟蒙」定義為「人類擺脫自我強加的不成熟狀態而獲得解放」，並補充說這種不成熟狀態「不在於缺少理解力，而是缺少在沒有其他人幫助下利用理解力的決心和勇氣」（《甚麼是啟蒙？》，《康德：政治學論述》，54）。

康德對共和的同情在他那個時代即眾所周知，儘管他明確反對革命，將革命視做向自然狀態的倒退——這種倒退無法用理性證明其合理性，因為它使理性規則成為不可能。法國大革命中的暴力使康德堅定了對革命的懷疑，但並未削弱他對盧梭的仰慕，也沒有削弱他對啟蒙前景的信心，這種前景其他許多革命者也同樣期待。

未著的批判

康德有關政治學的著作完成於他生命活躍期的最後十年。其中最重要的一部通常認為是《正義的形而上學要素》，它是《道德形而上學》的第一部分，於

1797年首次出版，1798年再版。兩個版本的文章都出現了錯誤或晦澀之處，致使許多評論家認為，康德的精力已經在衰退，而他政治哲學的基礎卻並未建立。但近年來的研究傾向於認為，演講稿和其他無關的材料可能被混入了文章中，因為謄抄草稿時康德越來越依賴他的文書。不管《道德形而上學》寫作的真相如何，可以確定的一點是，它不包含「政治理性評判」，也不包含其他源自合法政治秩序這一觀念的先天原則的內容。在我看來，同樣確定的是，康德後期著作中包含了政治批判哲學的種子，這部未著的第四部《批判》與其他三大評判一樣值得研究。

普遍主義

康德是「啟蒙普遍主義」的先知。他相信唯一而普遍的人性，在考察局部制度的合法性和權威性時，我們應該訴諸這種人性。既然實踐理性對於任何地方的人都有效，就不該存在以權威之名提出的特殊辯護，這些權威要求服從的唯一主張僅僅是歷史將他們放到了現在的位置。另一方面，從人類事務中蕩滌一切歷史遺跡是不可能的——並且有退回自然狀態、重歸一切人反對一切人的戰爭的危險。因此，康德認為，訴諸普遍人性時必須採取規定性而非構成性觀念的形式。我們不該謀求為全人類建立單一法律；而應該根據某些先天制約因素來判斷每種權限，與這些先

天制約相符正是權力合法性的標誌。

此外，既然人類事務中的所有權威都源自理性，而理性是每一個人都具有的，我們就必須承認，每個人都平等地承擔政治秩序的利益和負擔。在此基礎上，奴隸制明顯要被排除；專制也是如此，它的唯一目的就是賦予某一人凌駕於他人之上的權力，或賦予某一階層特權，使其他階層無法共享其利益。所以，在其政治著作中，康德的行文似乎表明，種族和階層的區別不存在固有的政治意義，公民權利應該是全人類的追求。

事實上，康德比大多數同時代人都走得更遠。在《永久和平》(1795)中，他提出了對普遍政府形式的初步系統論證──這種政府形式超越國家界限，清除對人群的任意劃分，這種劃分在康德看來正是人類互懷敵意的真正原因。正是因為康德，才有了「聯盟」或「各國聯邦」的觀念；跨國立法的現代制度正體現了他的理論。

社會契約

如我們所料，既然康德的倫理學說具有法條化的形式，他的政治思想也帶有法學的特徵。對於康德來說，政治體制首先而且最重要的，應是一個法律系統。同時，他追隨霍布斯(Thomas Hobbes)、洛克和盧梭，提出將社會契約作為政治合法性的最終檢驗標

準。一個政治體制只有獲得了那些從屬於它的人們的贊同，才能聲稱擁有客觀權威。社會契約因此是「這樣一種契約，只有以它為基礎，一種保障民權因而完全合法的憲法才有根據，一個社會共同體才能建立」（《慣常說法》，《康德：政治學論述》，79）。然而，康德與其前人有一個關鍵的不同之處。社會契約對於康德來說是一種規定性而非構成性的原則。我們不該假定，在合法的社會秩序中真存在一個契約，不管是明確的還是暗示的。社會是以其他方式產生的，並且總是背負着歷史遺跡的重擔，要抹去這個遺跡，就必然會引起不公正或暴力。因此，我們應該將社會契約僅看做一種限制性理性觀念——任何現實法律秩序要獲得正當性，都必須通過它的檢驗。所以，社會契約採取下面的形式：「如果制定的一項法律，整個民族的人都沒有可能給予同意……這項法律就是非正義的；但如果一個民族完全可能同意它，這個民族的義務就是將這項法律視為正義的，甚至假定他們目前的思維方式是，若被詢問，他們很可能會拒絕同意。」（《慣常說法》，《康德：政治學論述》，79）

這個定義極其模糊，在「整個民族」、「一個民族」和「這個民族」之間意義含糊地來回轉換。在我看來，最好的組織方式似應是這樣的：每個公民對於每項法律都擁有絕對的否決權，但是他只有在能夠不同意這項法律的情況下才能實施否決權。他不贊同

這個事實還不足以作為異議的根據。原因在於，我們實際上贊同甚麼取決於我們的慾望、環境和「經驗條件」。如果我們想僅用理性解決問題，就必須忽視所有這些條件。（注意與絕對律令的對應關係。）因此，說到社會契約，我們並不是指諸經驗自我之間的實際協議，而是純粹本體存在者之間的假言協議。從純粹實踐理性的角度看，我們每個人都是這樣一個本體存在者。

通過抽象化獲得的這種假言社會契約觀念，近年來被羅爾斯(John Rawls)復興，用於檢驗一個社會中各種利益的公正分配。然而，康德對於分配沒有興趣，只對法律感興趣。儘管他認為所有公民在公民權上平等，因而擁有平等的權利和義務，「社會正義」這一現代觀念卻並不在其考慮之內。康德相信法律面前的平等和公民的平等權利，卻認為這與財產極端不平等並不矛盾。(《慣常說法》，《康德：政治學論述》，75)

自然法

普魯士流行的法律體系直接源自羅馬法。康德對於羅馬法懷有崇高敬意，尤其因為它是趨向普遍法則的嘗試，它既考慮當地傳統和歷史制度，又重視對全人類都適用的哲學原則。羅馬法特別將人創法和自然法區分開來，前者是世俗統治者的領域，後者的權威來自人類天性並立基於任何局部法律系統之上。因

此，人創法可能支持奴隸制並界定奴隸的權利和義務，自然法卻來自純理性，不可能認同這種關係的存在。

中世紀的法學家和哲學家十分關注自然法概念，認為它是在用法律形式記錄被揭示的上帝意志。康德則從另一角度，認為自然法是批判哲學的一種證明。對於他來說，自然法完全是對絕對律令的法律表達。因此，他從羅馬法中看到了證據，證明法律推理自動遵守實踐理性的先天綜合原理，而他已經找到了這種原理的證據(《道德形而上學》，236–237)。

人與物

康德的道德哲學還印證了羅馬法中另一概念，即人(Persona)的概念的說服力。Persona這個詞原指面具，用於描述舞台上演員所呈現的性格特點。羅馬法借用這個詞指代法庭中的當事人，當事人的權利和義務由法律界定，在某種意義上當事人是他所面對的法律的創造物。法律人是法律權限(權利、自由等)和法律負擔(義務、懲罰等)的承受者。正如康德所洞見，最終這是個形而上學而非法律概念，它假設自由主體和經驗對象在實在性方面存在區別。權利和義務無法附加在對象上，因為對象受到經驗條件和法律的束縛。它們只能附加在自由的主體上，如康德在其道德哲學中定義的那樣。支配人類社會的法律，被指向本體自我。

人在政治思維背景下具有三個突出特徵：責任性、自我立法的力量和以其自身為目的的天性。他們對於自己的行為負有責任，因此人與人之間形成一種特殊的關係，這種關係是政治秩序的基礎。世界的改變會被歸咎於人，不管這些改變是因行為還是因疏忽引起的（《道德形而上學》，239）。通過法律，這種歸罪成為一種普遍關係，將每個人與社會聯繫起來，並且使每個人對自己的行為和疏忽負責。

　　人是目的王國中進行自我立法的成員，所以他們也受制於兩種約束──內在約束和外在約束。內在立法是由絕對律令要求的，任何正義的法律都不會與其衝突。但是還有外在立法，在其中，道德法則既不要求也不禁止的一些行為卻受到國家的強求或禁止。社會契約（如上介定）是檢驗這種外在立法合法性的標準，它並未明說，如果這種立法轉而去推翻內在的義務要求，它就永遠不能被接受。

　　此外，法律必須尊重人的天性，其自身即目的。奴役、欺詐和殘暴鎮壓都與絕對律令相抵觸。政治秩序的一個核心要求就是，人在與他人和國家發生關聯時，應該能夠將他人和國家作為目的而非僅僅作為工具。

人權

　　在康德眼中，法律和道德一樣具有形而上學基礎，並因此先天地以先驗自由觀念為基礎。他使用下

述含糊的語句指出了一條關於正義的單一普遍原則：「每一個行為，如果它或者它的準則允許每個人的選擇自由與其他所有人的自由根據一種普遍法則共存，這個行為就是正義的〔recht〕。」（《道德形而上學》，230）對於譯者來說，這是個著名的難題，因為名詞Recht可指「權利」也可指「法律」，形容詞recht既可指「正義的」也可指「正確的」。此處的形容詞出現在正義理論的語境中，而正義理論的主要目的就是連結正義和自由這兩個觀念——我的譯法就是這麼來的。康德普遍原則還可以表達得更清楚些：如果一個行為尊重他人的自由，並且不是偶然而是根據原則，這個行為就是正義的。每個自由行為都必須容納他人的自由。對於康德來說，正義的基本要求的另一種表述方法即，所有人本身都將被視做目的，而非永遠僅被視為工具。

這個普遍原則與強制並不矛盾，但高壓統治必須總是將其最終目標定為建立一種體制，在這種體制裏盛行公正——以及相互自由。康德利用此明智方法修正了盧梭的那個眾所周知的準則，即在一個基於社會契約建立的國家，持異議者必須「被迫自由」。

根據康德的正義觀，只存在一種內在的或「自然的」權利，那就是自由本身：「自由（獨立於他人意志的約束），只要它根據某種普遍法則而與其他所有人享有的自由共存，它就是每個人因生而為人所享有

圖15　斷頭台，法國大革命的象徵

的唯一而最初的權利。」（《道德形而上學》，237）限制條件在此非常重要：我沒有隨意行事的自然權利；相反，我擁有不限制他人自由而運用自己的自由的權利。這個原則是「古典自由主義」的基礎，現在仍然是許多西方憲法的不成文條款。

從先天原則到普遍約束着政府的人權觀念，只邁出了一小步。用「人」權而非「民」權，我們援引了自然法，以及對所有地點和時間的立法作出約束的普遍原理。不僅如此，康德將人本身視做目的的強有力觀念，為這些普遍權利提示了基本形式：在其擁有者手中，它們就是否決權。未經我的同意，有些事你就不能對我做出，並且這個事實使我對自己的生活擁有一種主導權，他人如果侵犯或貶損是不正當的。這種個體主權在法律上體現為一系列的權利：生命權、身體權和財產權，和平達成自己目的的權利，同他人產生法律關係的權利，等等。

儘管這樣看來，康德稱得上是現代人權理論的最偉大先驅，他卻並未低能到認為（現在許多人以為）可以只享受權利而不盡義務。事實上，康德的權利概念在重要性方面次於義務概念。只有遵守尊重他人權利的義務，我的權利才能得到實現；正是義務動機在所有涉及市民權利的內容中被間接提及（《道德形而上學》，239）。只有在準備好付出代價時，我才能夠主張權利；代價就是接受通過我的主張而施加給你的相

同的義務。我尤其有義務支持正義的普遍原則，這意味着我必須接受並贊同懲罰系統；沒有懲罰系統，就不會有法律和共同體的延續(《道德形而上學》，331–332)。

共和理想

康德將合法政治體制視做一個法律體系，建立時着眼於對人的尊重，根據共和原則進行組織。受法國啟蒙思想家，尤其是孟德斯鳩的影響，康德認為共和政體是一種特殊形式的政府，它賦予其成員以特殊的地位。你有可能是一個獨裁統治者的臣民，但是在一個共和國中，你只可能是一個公民：公民和共和國的概念是一個單一復合觀念中互相依存的兩個部分。在共和政體中，人民自己創建管理他們的法律，這些法律表達了「公意」(正如康德效仿盧梭所稱的)，被統治者的同意正是通過公意獲得的(《道德形而上學》，313–314)。

只有存在代議制政府，立法機關成為人民這個總體的代言人，共和政體才能存在。代表的過程將人民的內在主權轉化為實在的統治權力，康德從法人模式中看到了這一點：一個集體決策的論壇，在這裏人民的總體利益通過法律獲得提升，而這個論壇本身又要向它制定的法律負責(《道德形而上學》，341)。如何達成代議制政府，這是康德政治哲學中的晦澀處之

一(有些人認為這些晦澀應受責備)。康德曾在某處聲稱，「只有適合投票的人才有資格成為公民」（《道德形而上學》，314）。這表明康德是民主政體的支持者，但他隨即又對上述說法進行限定，即同意法國革命者西哀士（Emmanuel-Joseph Sieyès）的做法，區分主動公民和被動公民——後一個階層不享有投票權，它包括所有無法完全獨立的人。他將奴僕、未成年人、學徒以及所有婦女歸入被動公民之列，認為「所有這些人缺少公民人格」，但這個事實卻「無損他們作為組成人民的人所享有的自由和平等」（《道德形而上學》，315）。在別處，康德批評民主是另一種形式的暴政（《永久和平》，《道德形而上學》，101），並且堅稱共和政府的觀念同民主選擇沒有內在聯繫。這個問題我們不再深入探究，但至少可以肯定一點：不管康德的公民權概念同當時中歐流行的政府形式多麼格格不入，它都與當今的民主觀念相去甚遠。

分權

康德對於代議制的描述不夠完善，這個缺憾在某種程度上被他關於分權的精妙辯護所彌補；分權觀念由洛克引入政治哲學，隨後被孟德斯鳩（Montesquieu）深化。和孟德斯鳩一樣，康德將國家的立法、司法和行政權區分開，認為每種權力都應被視做一個「道德的人」（即擁有權利和義務的負責的行為主體），同時

又承認，它們不能獨立存在，必須互相依賴、互相從屬（《道德形而上學》，316）。政府的要務就在於維持這些權力之間的平衡，使得人民的「公意」能夠在立法會議中得到表達。康德明確地認為多數人的投票本身不能產生正當法律。需要的是這樣一個立法程序，通過它，人民的不同利益能夠保持平衡且服從於司法審查。只有這樣，才能保障每個公民的權利並避免專制的威脅。

這部分地解釋了康德對於民主的敵意。他以為，在一個純粹的民主政體中，政府與被管理者合為一體。在這種情況下，大多數人的專制欲念會直接轉化為法律，不管每個人的權利與自由是否能以此得到尊重。要尊重自由，對權力的急切運行就要有制動裝置。由此，法律必須由一方制定，另一方實施，第三方裁決，而絕不是由大多數人制定和實施。

康德的共和政體同君主立憲制並無矛盾，儘管他在許多地方表達了對於權力世襲，尤其是貴族特權世襲的敵意。最終，康德沒能給出民主政體的替代品，這讓他的讀者仍不明白，共和政體的立法機構應該如何產生，以及要想成為人民這個總體的代表，必須達到甚麼樣的條件。看來，康德似乎將代議制共和政體視做一個理性理想，我們可以接近卻永難實現。他強烈反對所有形式的突變，並在總體上支持，對不違反絕對律令的任何形式的統治權採取服從態度。不久前

的恐怖事件更使康德反對革命，尤其是弒君，而他對於民主政體的態度可以用甘地描述西方文明的語言來總結，即「這個觀念不錯」；但對於康德來說，觀念總是「理性觀念」，即總是指導實踐，而非描述可能的實在性。

私有財產

在公民依據正義的普遍原則所享有的權利之中，康德指出財產權是重中之重，並嘗試對所有權進行一種先驗演繹，以回答「對象如何屬於我？」這個問題（《道德形而上學》，249）。他將感性財產和知性財產區分開，前者指一種經驗關係，後者是一種權利關係（《道德形而上學》，245）。他認為，所有關於權利的一般命題都是先天的，因為它們是理性法則：因此它們涉及智力或本體領域，而從實踐理性的觀點看，我自己就是其中的一部分。

財產權的基礎不僅僅是先天的：它們牽涉到先天綜合律令，如道德法則律令。說一個對象是我的，就是在我作為自由存在者的主權上增加肯定性的東西——某種不僅包含在自由概念裏的東西。哲學家們徒勞地努力使增加的東西合法化，卻未發現只有通過某種先驗論證才能做到，這種先驗論證會表明所有權有可能成為實踐理性的先決條件。康德並未成功地提出這個論證：但他正確地指出，財產權的本質顯現於

這種權利被濫用時所遭遇的侵犯。這種侵犯拒絕認可另一方的存在以自身為目的，因此也不假定他是個自由、理性的主體。

黑格爾隨後採納了康德的論點，認為私有財產是理性主體的自主性和自我身份在客觀世界中得到實現的工具。通過黑格爾，康德的財產概念成為19世紀知識界重要政治辯論的焦點，辯論雙方分別為社會主義者及其反對者。

市民社會

在寫作政治學論著的過程中，康德描述了「市民社會」——一種通過法律組織、處於最高立法權下的社會（《道德形而上學》，256–257）。康德稱，在這樣的社會裏，必定會有財產、契約以及支持它們的法律，還必定有經濟生活以及促成陌生人締結合同的手段。因此康德提出一種貨幣理論，並指出貨幣的象徵性質，認為貨幣是「這樣一種東西，要使用它只能通過它的異化」（《道德形而上學》，286）——這個特徵表明擁有金錢代表着必定擁有另外一種東西，其實就是擁有支配他人勞動的權力。所以，康德給了金錢一個「真正的定義」，即「人的勞動進行交換的普遍手段」（《道德形而上學》，287）。這個定義為19世紀對異化勞動的討論作了鋪墊，康德關於人的理論對這場討論也有影響。

康德還討論了性和性關係在市民社會中的地位，

這使他顯得不同於其他政治哲學家。他承認，性道德給自由主義世界觀出了道難題。為甚麼國家要關注「成人在私下相互同意」的行為？尤其是，為甚麼道德上也要關注它，如果行為各方和其他人都沒有受到損害？自由哲學家如何能不支持作為政治必要性和道德理想的性自由？

面對這個問題時，康德再次用到人以自身為目的這個概念。他大膽地（並且正確地）指出，存在着這樣一種性行為，其中的另一方被視做物，而非人；可以說，其中的主體被客體所遮蔽。這就是我們說到「變態」這個詞時所意指或應該意指的，這種變態違悖了對另一方和對自己的根本義務（《道德形而上學》，278-279）。康德性道德的內容（同基督教婚姻觀一致，在康德時代流行）也許並不受到所有現代讀者的認同。然而，正是康德首先探究性問題中的緊迫內容，探究為甚麼有些人會受到他人慾望的危害，為甚麼在我們的性遭遇中人格會處境危險。康德能夠闡明這個難題，這又進一步強化了他的一個看法，即通過人的理論，他已經弄清了人類所處的形而上學困境。

永久和平

康德支持共和理想——自由和平等公民權的理想，法律在此由人民作為整體自我立法——基於以下兩個理由。第一，他將共和理想視做絕對律令的先天

結論。第二，他認為共和制政府是國際和平的先決條件。當個體利益凌駕於正義的要求之上，當專制權力將其意志以暴力強加於他人而獲得益處時，戰爭就開始了。如果世界國家是以共和政體組織的，只有獲得公民整體的同意才能通過一個決定，那麼實踐理性的先天法則在政治決策中就會發出自己的聲音。戰爭將被排除在外，不僅因為它是一種實現集體目的的非正義手段，而且因為它是違悖公共利益的愚蠢之舉。也就是說，它既和道德的絕對律令又和生存的假言律令相衝突。

然而，「永久和平」狀態不可能立即實現或通過法令實現。因為，即使是共和政體，這些國家之間仍處於一種面對面的自然狀態，因此各國對於鄰國是個「長期的威脅」(《永久和平》，《康德：政治學論述》，102)。必須邁出積極的步伐來掃除世界各民族之間的障礙。正如對於個人來說，廢止自然狀態以進入市民社會、享受權利帶來的自由，這符合他們的利益；同樣，對於國家來說，服從於一個共同的法律體系並超越折磨人類歷史的不成熟的好戰狀態，也是有益的。我們應該追隨「世界共和」的觀念(《永久和平》，《康德：政治學論述》，105)——這個條件在現實中無法達到，卻能夠調節各個國家之間的交往，在不知不覺間將它們轉化為聯盟。這個共和國的聯盟，聯合於國際法，能夠保證國家之間的和平。每個

共和國都將支持保護他們不受侵略的法律，每個國家都將贊同一個統一的權利規則以保證他們之間的公平交往。

如其他許多散佈於其政治思想中的知性結構一樣，康德的「世界共和」是一個「理性理想」。這種理想學說是明顯反烏托邦的。烏托邦主義者認為理想可以實現，並由此着手摧毀擋在路上的一切障礙。而康德派認為理想無法實現，因為我們活在一個不完美的世界中，受到經驗環境的阻礙。理想必須被解釋為調節性原則，它們指引我們走上改良的道路。因此，我們總是必須去進行修正，而不是去摧毀。

在探究其世界政府理想的過程中，康德對殖民主義進行了尖銳的批判，並聲稱只有在共和國聯盟內，政治與道德才能夠彼此一致。未達成這種聯盟之前，政治家要想推進國家利益，就得依賴詭計、謊言和欺騙手段。因國家間實際關係而成為必須的保密慣例違反了「公共權利的先驗公式」，即如果一個行為與開誠佈公不相容，這個行為就是錯誤的（《永久和平》，《康德：政治學論述》，126）。我們應該致力於促成開放政府，讓國家間的交往像人與人之間的交往一樣滿布正直和誠實，而這些都由絕對律令指導。對人的尊重應該延伸到代表我們的國家；因為他們也是人，他們的權利和義務，如同我們的一樣，也要由一個單一的道德法則來界定。

康德的政治觀點吸引了許多隨後的哲學家和法學家，並且在他去世之後的兩個世紀裏仍然意義重大。之後的戰爭和革命使得康德的樂觀主義不再流行，但他對自然法和人權的訴諸、他從先驗自由的前提推出正義理論的努力卻具有持久的意義。假若康德預見了毀滅他美麗故鄉的那些事件（還有無數的其他災難），預見到了對故鄉居民的集體屠殺，也許他對人類天性就不再那麼有信心，這種信心即使在他對正義的最抽象論證中，也透着光芒。然而，這種信心仍然激勵着一些人，他們如康德那樣相信，理性可以通過它直接的律令和無法實現的理想引導我們。

第八章
先驗哲學

　　康德的後繼者們認為康德使哲學發生了不可逆轉的變化。但康德在世時，知識界已經就其批判體系的意義而爭論不休，產生分裂。康德真如埃伯哈德所指控的那樣，屬於萊布尼茨學派嗎（《康德─埃伯哈德爭論》，107）？難道他真的相信自然世界僅僅是「有充分根據的現象」，實在性本身存在於永恆而無限的本體性實體中，這些實體的特徵只來源於理性？「物自體」是承載表象的根本實體嗎？在給老年康德的一系列信件中，他的弟子貝克（J.S. Beck）詳述了這種解釋，並試圖說明它站不住腳。但如果先驗哲學並不是萊布尼茨唯理論的翻版，那它為甚麼不是休謨懷疑論經驗主義的重覆？康德哲學的否定方面比其肯定方面更為明朗，在當時他被（J.G. 哈曼）稱為「普魯士的休謨」。在第一部《批判》中的「二律背反」的冗長結束語中，康德強調了這個否定方面，並滿懷驕傲地寫到了一個方法，這個方法使得他能夠突破所有之前的論證，指出某些結論並非尚未闡明，而是無法闡明。

　　不管是萊布尼茨派還是休謨派的解釋，都無法真

正站住腳。有時，康德確實會將概念說成是組織我們的知覺的「規則」（如《純粹理性批判》第1版，126），這讓人想到休謨。同時，他也的確曾對「先驗地假設」一個「如其所是的事物」的領域發生過興趣（如《純粹理性批判》第1版，780；《純粹理性批判》第2版，808），這使得他更偏向萊布尼茨。但是，這些敘述是有偏差的。真正的康德批判哲學並不能比附於康德的先驅，因為他推翻了前人哲學的根基。

第一個出自康德哲學的重要思想學派是費希特（Fichte 1762–1814）、謝林（Schelling 1775–1854）和黑格爾（Hegel 1770–1831）的「主觀唯心論」。他們認為，未能證明「物自體」的批判哲學已經表明，實在性應該用精神術語來構想。對象的知識是按照「假設」而非「接受」被構想的。對於費希特來說，康德的功績就在於表明，心靈只有通過其自身的活動才能獲得知識；因此，在很重要的意義上來說，知識對象就是這項活動的產物。所以，費希特在給朋友的信中寫道：「我認為我比康德更能自稱為一個先驗唯心論者；因為他還承認諸多表象，而我則斷言這表象也是我們通過創造力製造的。」心靈被等同於「先驗自我」，被理解為我們所熟知的本體對象。但問題又來了，我們又是誰呢？在費希特的哲學中，先驗自我變成一種普遍精神，各個單獨的經驗自我，與這些自我在其中消耗精力的「表象世界」一起，就是由這種普遍精神建

構的；它們整體依賴於一種不可知的綜合，這種綜合則從「物自體」這個不竭的儲水池中產生了自然。

叔本華(1788–1860)也受到這種解釋的影響，相信康德將「先驗自我」和意志等同起來是正確的(意志因此即是表象背後真正的「實體」)。對於叔本華來說，像空間、時間和因果律這些科學概念只能夠適用於表象，它們將秩序強加於表象世界(或者說「瑪雅面紗」——叔本華借用自東方神秘主義的術語)。在這層面紗之後，意志開始了它無盡的、不可知的以及不滿足的旅程。與此相反，黑格爾拓展了費希特的觀點，即已知的東西是由認識者「假設」的。他試圖表明，先驗演繹中所論證的客觀參照物僅僅是自我意識擴展過程的第一步。精神(Geist)通過假設一個日益複雜的世界來逐漸認識自己。黑格爾將這個過程描述為「辯證的」，意在對其進行褒揚而非掩蓋。他相信康德的第一部《批判》所展示的並非純粹理性的錯誤，而是猜想與反駁的動態過程，經由這個過程理性不斷否定自身的前進，從對片面知識的揚棄中達成了一副日益完整、日益「絕對」的實在的圖景。

康德應該不會承認自己的觀點回歸到了萊布尼茨。「輕盈的鴿子」，他寫道，「在空中自由前進的同時感受到阻力，也許會以為在真空中飛翔要容易得多。」(《純粹理性批判》第1版，5；《純粹理性批判》第2版，8)因此，他將任何對絕對形式的知識的

掩飾都斥為非實在的，因為這種絕對形式的知識意在翱翔於有阻力的經驗媒介之上。如果認為先驗對象指一個實物，那這個概念就被誤解了。這個概念只能被設定為一種「觀點」（《純粹理性批判》第1版，681；《純粹理性批判》第2版，710），以便看清「純粹知性原理只能應用於感覺對象……而不可能應用於一般事物，這些一般事物與我們能夠理解它們的方式無甚關聯」（《純粹理性批判》第1版，246；《純粹理性批判》第2版，303）。沒有任何關於世界的描述可以不提到經驗。儘管我們所知的世界不是我們的創造物，也不是我們視角的提綱，但它卻不得不根據我們的觀點被認知。所有要打破經驗束縛的努力，最終都會走向自相矛盾，而且，儘管我們可能有「先驗」知識的提示，這種知識卻永不可能屬於我們。這些提示僅限於道德生活和審美經驗；它們能夠在某種意義上告訴我們自己到底是誰，但當它們轉化成話語時，卻難以理解。哲學，一方面描述了知識的限度，一方面又總是想超越這些限度。對於這一點，康德的最終建議可以用維特根斯坦《邏輯哲學論》的最後一句話來表達：對於那些無法說出的，我們必須保持緘默。

推薦閱讀書目

Writings by Kant

The standard edition of Kant's works is published by the Deutsche Akademie der Wissenschaften, as *Kants gesammelte Schriften* (Berlin, 1900–). It is now the general practice to include the page numbers of this edition in the margins of English translations. Hence, where practical, my page references are to the standard German text. However, until recently, there has been no attempt at a systematic English edition of Kant's works, and many of the writings are still most conveniently obtainable in editions that make no reference to the German pagination. In these cases I have indicated in the list of abbreviations at the beginning of this book which edition I have used.

The enterprise of providing authoritative and scholarly translations of Kant's works has been undertaken by Paul Guyer and Allen Wood, as general editors of the *Cambridge Edition of the Works of Immanuel Kant* (Cambridge, 1993–), which is destined to be the standard English edition. Guyer and Wood have themselves translated the first *Critique* for this edition, though the excellent translation by Norman Kemp Smith (London, 1929) remains the source most frequently used. Both translations contain marginal references to the page numbering of the original first and second editions (A and B). The volume of the Cambridge Edition entitled *Practical Philosophy*, translated by Mary Gregor, contains most of Kant's moral and political works in an accurate translation. There is also a good translation of the *Critique of Practical Reason* and the *Groundwork of the Metaphysic of Morals* by L. W. Beck, in his *Kant's Critique of Practical Reason and Other Writings in Moral Philosophy* (Chicago, 1949). Translations of the *Critique of Judgement* have been less successful. The one now most frequently referred to is that by W. Pluhar (Hackett, Indianapolis, 1987), though the previous standard edition (tr. J. C. Meredith, Oxford 1928) is still usable. Such problems as these translations present are due more to Kant than to the translators. The first part of the *Metaphysics of Morals* is available in a translation by John Ladd as *Metaphysical Elements of Justice* (second edition, Indianapolis, 1999), while the whole work is contained in Mary Gregor's volume. Ladd rearranges Kant's text, for reasons both editorial and philosophical. Other works on political philosophy can be found in Hans Reiss (ed.), *Kant: Political Writings*, tr. H. B. Nisbet (Cambridge, 1970).

Kant's writings on theology, including *Religion within the Limits of Reason Alone* (translated as *Religion within the Boundaries of Mere Reason*) are contained in *Kant: Religion and Rational Theology*, tr. and ed. Allen Wood and George di Giovanni (Cambridge, 1996 (part of the Cambridge Edition)).

There is no adequate selection in English from Kant's voluminous writings. The student cannot avoid jumping in at the deep end, with the *Critique of Pure Reason*.

Writings about Kant

The few biographies of Kant make unexciting reading. The fullest, although not the most accurate, is that of J. H. W. Stuckenberg, *The Life of Immanuel Kant* (London, 1882). That by Ernst Cassirer, entitled *Kant's Life and Thought* (New Haven, 1981), casts considerable light on Kant's philosophical development.

Commentaries are legion. A growing interest in Kant among English-speaking philosophers has led to many works of high quality and lucidity. That by P. F. Strawson, *The Bounds of Sense* (London, 1966), contains a thorough exposition, and partial defence, of the argument of the first *Critique*, in its 'objective' interpretation. The 'subjective' rejoinder from Ralph Walker (*Kant*, in the series 'Arguments of the Philosophers', London, 1979), is clear and scholarly, although rather less persuasive. Those interested in a vigorous empiricist interpretation will enjoy Jonathan Bennett's two commentaries, *Kant's Analytic* (Cambridge, 1966) and *Kant's Dialectic* (Cambridge, 1974). The best short introduction in English remains that of A. C. Ewing (London, 1938) entitled *A Short Commentary on Kant's Critique of Pure Reason*. More recent work has made a conscientious attempt to remain true to Kant's own intellectual concerns, and has therefore avoided reading the controversies of contemporary academic philosophy into his often obscure arguments. Exemplary in this respect are

H. E. Allison, *Kant's Transcendental Idealism: An Interpretation and Defense* (New Haven, 1983), and Sebastian Gardner, *Kant and the Critique of Pure Reason* (London, 1999). Neither the second nor the third *Critique* has received commentary of the same quality. On the ethics I recommend H. J. Paton, *The Categorical Imperative* (London, 1947), R. B. Sullivan, *Immanuel Kant's Moral Theory* (Cambridge, 1989), and C. M. Korsgaard, *Creating the Kingdom of Ends* (Cambridge, 1996). On the aesthetics there is much to be gained from Donald W. Crawford, *Kant's Aesthetic Theory* (Wisconsin, 1974), and Paul Guyer, *Kant and the Claims of Taste* (Cambridge, Mass., 1979). Kant's political theory has been comprehensively summarized by Howard Williams in *Kant's Political Philosophy* (Oxford, 1983), and aspects of it treated in depth in Howard Williams (ed.), *Essays on Kant's Political Philosophy* (Cardiff, 1992).